RAOUL DE CHAMBERET
SECRÉTAIRE D'AMBASSADE HONORAIRE

ENQUÈTE

SUR LA CONDITION

DU

Fellah Egyptien

AU TRIPLE POINT DE VUE

DE LA VIE AGRICOLE, DE L'ÉDUCATION
DE L'HYGIÈNE ET DE L'ASSISTANCE PUBLIQUE

« Tout homme véritablement humain,
c'est-à-dire convaincu de la solidarité qui
l'unit à ses semblables, blancs ou noirs,
interroge avec émotion cette société (islamique) brusquement transformée. »

Le Fellah, E. ABOUT.

DIJON
IMPRIMERIE DARANTIERE
65, RUE CHABOT-CHARNY, 65

1909

ENQUÉTE

SUR LA CONDITION DU

Fellah Égyptien

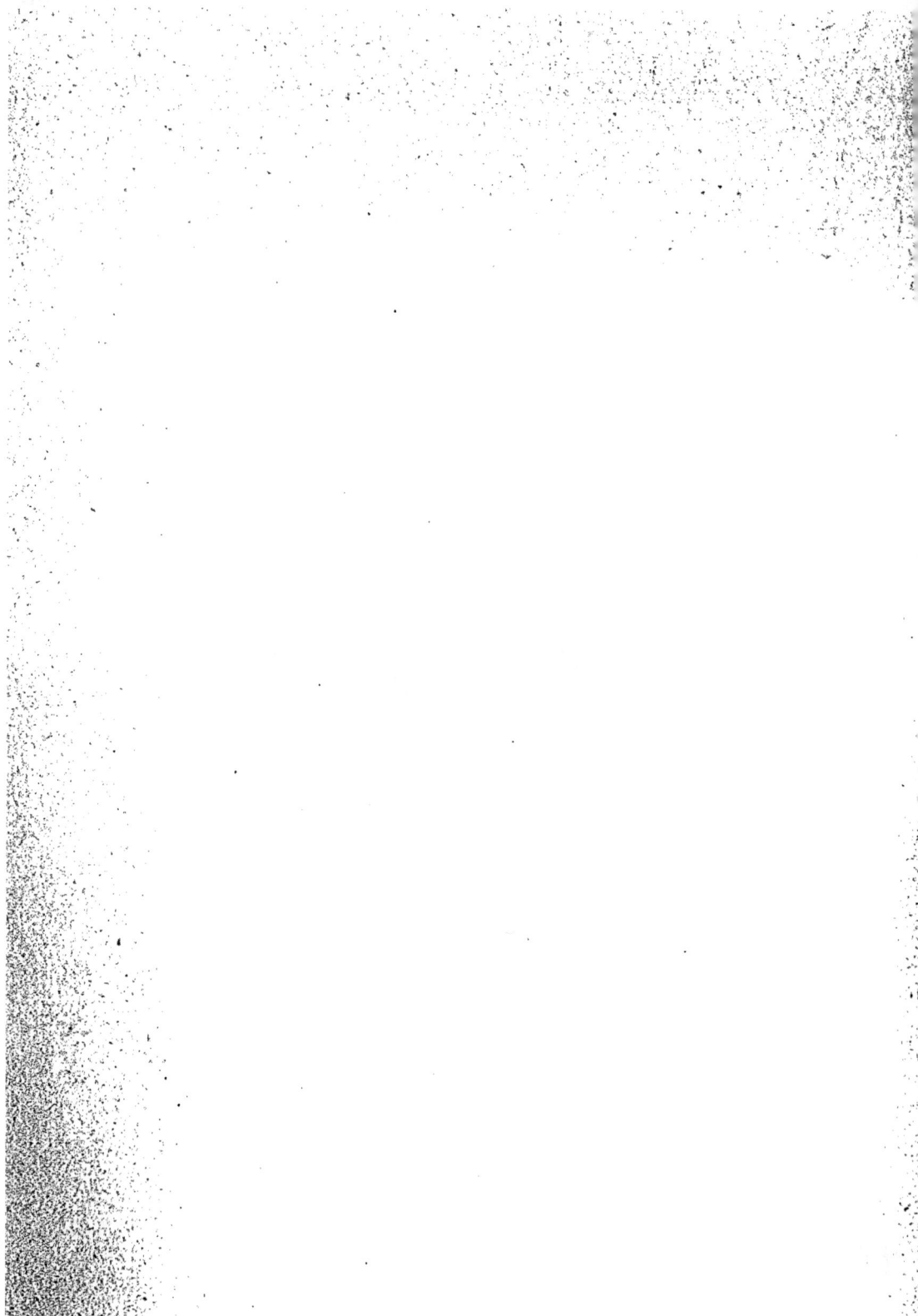

RAOUL DE CHAMBERET

SECRÉTAIRE D'AMBASSADE HONORAIRE

ENQUÈTE

SUR LA CONDITION

DU

Fellah Egyptien

AU TRIPLE POINT DE VUE

DE LA VIE AGRICOLE, DE L'ÉDUCATION
DE L'HYGIÈNE ET DE L'ASSISTANCE PUBLIQUE

« Tout homme véritablement humain,
c'est-à-dire convaincu de la solidarité qui
l'unit à ses semblables, blancs ou noirs,
interroge avec émotion cette société (islamique) brusquement transformée. »

Le Fellah, E. ABOUT.

DIJON

IMPRIMERIE DARANTIERE

65, RUE CHABOT-CHARNY, 65

1909

ENQUÊTE

SUR LA

CONDITION DU FELLAH ÉGYPTIEN
AU TRIPLE POINT DE VUE DE LA VIE AGRICOLE
DE L'ÉDUCATION — ET DE L'HYGIÈNE
ET DE L'ASSISTANCE PUBLIQUES.

La révolte d'Arabi-Pacha et sa répression par les troupes anglaises sont de quelques mois postérieures au traité du Bardo. Plus d'un quart de siècle s'est écoulé depuis lors, au cours duquel la France et la Grande-Bretagne ont mené ici et là, sous le couvert de formules politiques différentes, et par conséquent avec des fortunes diverses, deux œuvres que l'on est aisément tenté de comparer. L'Egypte et la Tunisie sont l'une et l'autre pays musulmans, et de caractère essentiellement agricole. La pensée les associe donc naturellement, et les met même étroitement en rapport à considérer que si l'Egypte, route des Indes, fut toujours, aux yeux des hommes d'Etat britanniques, comme la clef de voûte de l'Empire, c'est à la Tunisie, pierre angulaire d'un édifice moins puissant mais plus homogène, que la France dut de pouvoir étayer solidement à l'Est le patient effort de sa politique musulmane dans l'Afrique méditerranéenne.

Aussi pouvait-il sembler intéressant d'étudier, du point de vue tunisien, ce qu'étaient devenues, après vingt-cinq ans d'occupation anglaise, les conditions d'existence des populations rurales de l'Egypte, et dans quel sens se manifeste leur évolution. Nul n'ignore de quels principes s'est, en Egypte comme ailleurs, inspirée la politique anglaise dans ses rapports avec les « Natives ». Ces principes, qui ne sont pas des axiomes, ne peuvent être jugés que d'après leurs résultats, et de ces résultats l'observateur voisin peut toujours et suivant les cas, avoir à tirer comme conclusion honneur — ou profit.

Ajoutons toutefois — ce qu'il convient de ne jamais oublier quand on écrit sur l'Egypte — que sa rénovation ne date pas d'hier, c'est-à-dire des « événements » de 1882, mais que sans rappeler les tumultueuses réformes de ce barbare de génie » que fut Mehemet-Ali, le passage de Bonaparte et du corps de savants qui l'accompagna au pied des Pyramides, a laissé sur le sable de l'histoire des traces que le temps n'a point encore effacées (1).

(1) « Les résultats scientifiques de l'expédition d'Egypte, stérile équipée si on l'envisage au point de vue politique, furent, chacun le sait, importants et durables. Son influence sur l'état social de l'Egypte fut également très grande et très persistante. Le contact des soldats, des administrateurs et des savants français, l'exemple de leurs mœurs, les idées nouvelles, les sciences perfectionnées, l'organisation régulière et efficace qu'ils introduisirent dans le pays, tout cela modifia profondément l'esprit public ».

(P. Arminjon. L'enseignement, la doctrine et la vie dans les Universités musulmanes d'Egypte).

CHAPITRE I

LA VIE AGRICOLE

L'Egypte est un don du Nil.
(Hérodote).
L'Égypte est le pays des paradoxes.
(Lord Milner).

§ Iᵉʳ.

Ce n'est pas sans raison qu'on trouvera ici côte-à-côte ces deux définitions, en style lapidaire, du vieux pays des Pharaons. L'Egypte est le pays du paradoxe *parce qu*'elle est toute entière un don du Nil, et qu'elle constitue, à proprement parler, un anachronisme géographique, dont les conséquences se répercutent dans les domaines économique, politique et social.

Le voyageur qui débarque à Alexandrie cherche vainement autour de lui l'aspect des campagnes avec lesquelles il s'était familiarisé au long des rives de la Méditerranée. Une côte basse et plate l'accueille : Où sont les horizons montagneux du Maghreb, de Sicile, et de Grèce ? Il foule bientôt du pied un limon noir et fertile, mais dépourvu d'herbe, de prairies naturelles, et de fleurs, d'une tonalité morte et monotone. Avançant dans l'intérieur du Delta, il s'étonne aux campagnes morcelées et peuplées comme nos plus riches coins de France ou de Belgique. Est-ce donc la même mer qui baigne ces rivages, et ceux de Tunisie, d'Algérie, et de Syrie, aux grands espaces solitaires, aux collines multicolores au printemps ? Mais la surprise s'ac-

centue au passage du Delta dans la vallée du Nil proprement dite. A quelques centaines de mètres de la voie ferrée,
parfois quelques milliers tout au plus, la terre noire cesse
brusquement pour faire place, sans transition, au désert
jaune et stérile. Juxtaposé à la richesse visible, l'absolu
néant. Il n'est certainement pas au monde, dans cet ordre
d'idées, de constraste plus étrange. Alors apparaît clairement ce fait que l'Egypte est un caprice du hasard. Sa
position géographique, son climat sans pluie (1) la vouaient
à la stérilité totale, ou, pour mieux dire, elle n'aurait
même jamais existé, si les pentes directrices du massif
d'Abyssinie, éloigné de plus de cinq mille kilomètres,
n'avaient périodiquement jeté dans la direction de ses sables altérés le trop plein de leurs pluies tropicales. L'Egypte
n'est donc pas un pays méditerranéen. Elle n'en a aucun
des caractères. C'est une immense oasis (2) accidentelle
au milieu d'espaces desséchés ; uniforme, surpeuplée comme
toutes les oasis ; œuvre de l'art plus que de la nature, en
raison de son assujettissement étroit à la réglementation
d'une irrigation minutieuse et vitale ; divisée à l'infini
comme un gigantesque potager où s'épuiserait l'innom-
brable effort d'une population aux routines millénaires,
précieuse à prendre et facile à garder, mais qui, demain,
serait tout simplement rayée de la carte du monde cultivable et civilisé pour peu qu'il plût à ses maîtres de couper la
route du Nord au « Père des Eaux » et de l'envoyer se
perdre dans la mer Rouge ou dans les sables du désert
Lybique... (3).

(1) Il tombe au Caire 3o millimètres d'eau en moyenne par
an (Tunis 5oo). — A partir d'Assiout il ne pleut pour ainsi dire
jamais.

(2) Voir Jean Brunhes : *Les irrigations dans l'Afrique du
Nord.*

(3) «Un tel projet avait, dit-on, hanté le cerveau du portugais

— 5 —

Ces considérations géographiques n'étaient point inutiles ici. Elles ont leur valeur pour l'étude de n'importe quel côté de la vie égyptienne, car, encore une fois, elles ont leur répercussion sur la physionomie morale, si l'on peut dire, du pays tout entier. Elles ont en outre, au point de vue qui nous occupe, une signification particulière en signalant tout de suite le danger qu'il y aurait, dans un pays de structure si originale, à raisonner trop volontiers par analogie.

De l'oasis égyptienne, dont la géographie rationnelle moderne fait donc un monde à part, chacun connaît la forme ; c'est celle d'un entonnoir évasé, que prolongerait un long tuyau, au goulot duquel serait le Caire, sur le tracé d'une ligne idéale marquant la séparation entre la haute et la basse Egypte. Les Arabes l'ont comparée plus poétiquement à un éventail épanoui dont El Kahira (la victorieuse) était le bouton de corail. Quoi qu'il en soit, la superficie de l'ensemble des territoires soumis nominalement au Khédive est d'environ 1.000.000 de kilomètres carrés, mais elle se réduit à 30.000 (dont 17.000 pour le seul Delta) si l'on ne considère — et nous venons de voir que ceux-là seuls sont à considérer — que les territoires fertilisés par le Nil. Encore faudrait-il ici établir une distinction entre les territoires cultivables et les territoires réellement cultivés, et retrancher de ce fait en chiffres ronds 10.000 k. q. Sur ce médiocre espace de 30.000 k. q. (le 25ᵉ de la France) vit, ou plutôt grouille une population de près de 12 millions d'habitants, soit *près de 400* habitants au k. q., densité supérieure à celle de la Belgique, dont

Albuquerque, lequel aurait voulu ruiner ainsi le riche commerce vénitien s'alimentant en Egypte des produits des Indes. » (Girard, *Mémoire des savants de l'expédition de 1800*).

la densité est déjà exceptionnelle. C'est le fellah (1).

Non que tout Egyptien soit agriculteur, laboureur, traduction littérale du mot arabe fellah, mais l'agriculture occupe encore maintenant, d'après les estimations les plus récentes, les trois quarts de la population indigène, et elle l'occupa si exclusivement pendant des siècles que le mot de fellah est devenu, pour beaucoup de profanes, synonyme d'indigène égyptien, et qu'il nous fut donné de rencontrer certaines personnes, pourtant averties, s'étonnant d'apprendre qu'il y avait également des fellahs en Algérie, en Tunisie, et généralement dans tous les pays de langue arabe dont le sol est cultivé. Le pittoresque roman d'Edmond About est pour beaucoup dans cette célébrité. Pour serrer de plus près cette définition du fellah, signalons l'erreur qu'il y aurait d'autre part à croire que tout musulman est fellah en Egypte, et tout fellah, musulman. A côté de la population sédentaire appliquée aux travaux de l'agriculture dans la vallée et le delta du Nil, vivent quelque cinq à six cent mille Bédouins nomades et pasteurs, à cheval depuis des siècles sur les confins du désert et faisant de périodiques apparitions dans les parties les plus riches des pays de culture pour y faire pâturer leurs moutons. C'est leur unique travail avec la rapine, et ces moutons constituent leur seule richesse. Les Bédouins se considèrent comme les descendants directs des Arabes de la conquête et méprisent à ce titre le fellah, en qui ils voient l'héritier des vaincus de jadis. Les Bédouins se marient entre eux ; leur type, leurs usages, leur langue, leurs cos

(1) L'augmentation de la population aurait été de 45 o/o de 1846 à 1882, soit 50.000 habitants par an ».

(Pensa, *Les cultures de l'Egypte*).

La France a une densité de 72 habitants au kil. carré.

tumes les rapprochent sensiblement des populations de notre Sud Tunisien ou Algérien avec lesquelles le fellah ne présente, au contraire, aucun point de rapport. Ils sont groupés en tribus qui furent longtemps turbulentes et indociles, et éparpillés sur toute la longueur du territoire.

Mais si tout musulman là-bas n'est pas fellah, tout fellah n'est pas non plus musulman, et les Coptes, bien qu'ils se soient, dès les premiers temps de l'Islam, spécialisés de préférence dans les travaux de comptabilité et d'écritures, vivent encore très nombreux de la vie de la terre et forment même à cet égard dans la Haute-Egypte un certain élément d'initiative et de progrés. Si les Bédouins se considèrent comme la race conquérante, les Coptes, au nombre d'environ 600.000 également, se vantent de constituer le restant de la pure race autochtone. La religion qu'ils pratiquent est, comme on le sait, une manière de christianisme dont les dogmes sont empruntés à l'hérésie nestorienne du IIIe siècle, laquelle s'était particulièrement développée en Egypte. Il n'y a pas non plus d'unions matrimoniales contractées entre fellahs coptes et musulmans. Les uns et les autres se voient d'assez mauvais œil et leurs querelles s'envenimeraient sans doute davantage si le climat ne favorisait une apathie et une torpeur générales qui sont les gages de paix.

Ce n'est d'ailleurs pas un des spectacles les moins curieux de cet étrange pays que la juxtaposition de tant de races, de langues et de religions diverses. Rien n'est plus comique que de voir le mépris discret que chacun y professe pour son voisin. L'élément *turc* musulman, dans la classe riche indigène, vit séparé de l'élément arménien et syrien, qu'il appartienne au rite grec, maronite, ou catholique romain. Mais les uns et les autres s'accordent pour considérer, cela est visible, l'Egypte comme plus ou moins leur bien de jadis. Il y a très peu d'Israélites (25.000 seulement, croyons-nous), mais le grec en tient lieu, tout au moins pour le peu de considération dont il jouit parmi les indigènes et pour l'adresse qu'il déploie à faire fructifier son commerce. Les Européens de toutes provenances prétendent enfin dominer, du haut de l'arche sainte des capitulations, cette masse hétérogène et anarchique (dans le sens philosophique de ce mot) qui les envahit malgré eux et l'Anglais passe, assez dédaigneux, conscient seulement d'incarner la force, à défaut du droit.

Tout au bas de l'échelle, qui pèse lourdement sur lui, est le fellah. Il la supporte avec une sérénité qui surprend au premier abord. Mais il faut se reprendre, songer qu'il en fut toujours ainsi, et que ces malheureux n'ont jamais connu que la servitude et l'oppression. Car ce sont bien toujours les mêmes ! Précisément, en raison de la singularité de l'oasis égyptienne, au point de vue géographique, il n'est pas d'exemple, en ethnographie, de plus perpétuelle permanence du type. Le fellah qu'on croise aujourd'hui sur son chemin en Egypte, c'est « cet homme élancé, aux épaules larges et pleines, aux pectoraux saillants et vigoureux, aux bras nerveux, la main fine et longue, les hanches peu développées, les jambes sèches..., les pieds allongés, minces et cambrés faiblement..., la tête plutôt courte, le visage ovale..., le front fuyant modérément en arrière, les yeux s'ouvrant bien et grandement..., le nez assez fort, droit ou de courbe aquiline, la bouche longue, les lèvres charnues..., les dents petites, égales et bien plantées..., les oreilles attachées haut à la tempe..., (1) qu'on voit figuré sur les murailles des temples et des hypogées de Thèbes et de Memphis ». Ce n'est donc pas une tautologie de dire que la race habitant l'Egypte, ce sont les Egyptiens, dont l'ori-

(1) Maspero. *Hist. ancienne des peuples de l'Orient.*

gine se perd dans les temps les plus reculés et n'a jamais pu être scientifiquement bien établie et de même qu'il n'a jamais été possible d'acclimater dans la vallée du Nil des espèces animales ou végétales importées, le blé du dehors, le bœuf du dehors redevenant au bout de trois ou quatre ans du blé d'Egypte et des bœufs d'Egypte, de même la race humaine authochtone a-t-elle toujours et obstinément, depuis six mille ans, absorbé ou rejeté — ceux qui tentaient de se mêler à elle. M. de Chabrol, un des membres de la mission de Bonaparte en 1800, signalait déjà le fait en ces termes : « Ce climat de l'Egypte s'oppose à la propagation des étrangers en général, même quand ils se marient avec des Egyptiennes », et encore : « il est prouvé qu'en Egypte, les indigènes seuls ont le privilège de se perpétuer par la génération. La nature du climat semble rejeter avec une sorte d'opiniâtreté les germes d'une race étrangère ». Les peuples du voisinage, qu'attirait la légendaire réputation de fertilité du sol, unique dans la Méditerranée, se sont rués sur lui tour à tour, sans réussir à l'entamer. Conquis successivement par des pasteurs Hycsos, par les Perses, par les Grecs, par les Romains, par les Turcs et par les Arabes, influencé par la France ou dominé par l'Anglais, le fellah est resté le fellah. Et de ce triste destin, les marques cruelles sont demeurées sur sa physionomie. L'aspect des visages des paysans de l'Egypte n'est pas sans causer une impression pénible. Sans parler des maux d'yeux qui les ravagent littéralement, leurs traits ne reflètent aucune intellectualité ; on cherche en vain dans l'expression l'éveil de la dignité humaine, à de rares exceptions près, on n'y lit guère que l'abrutissement. (1) Il faut les plaindre et non s'en indigner.

(1) « Leurs plus signalés vices sont l'oisiveté et la poltronnerie qui leur est si naturelle que tous en sont atteints, soit Coptes

« Quand on connaît la misère, l'avilissement et la dégra-
dation des fellahs, on peut se faire une idée juste de l'expression de leur physionomie. Leur extérieur annonce l'embarras, la crainte se lit dans leurs yeux ; ils marchent avec
une sorte d'anxiété, la main instinctivement toujours tendue
ou pour implorer une protection, ou pour demander une
grâce... A voir l'inertie et l'insouciance de ces malheureux
au milieu de leurs continuelles tribulations, on les croirait
presque privés de la faculté de sentir, ou plutôt il semble
que la Providence, en mesurant les forces morales de
l'homme à la condition où le sort l'a placé, ait voulu donner à l'infortune l'indifférence en partage pour lui dérober
la connaissance de ses misères... » (1)

Il ne serait pas besoin d'adoucir beaucoup les lignes de
ce tableau pour qu'il fût encore exact à l'heure actuelle,
car si les conditions matérielles de la vie se sont, grâce à
Dieu, considérablement améliorées depuis un siècle pour
le fellah, ainsi que nous allons le voir, il n'en est pas moins
resté sur lui, de cette éternité de misère morale dont l'histoire n'offre guère d'autre exemple, comme un stigmate de
race indélébile.

Suivons donc ce malheureux fellah d'abord dans sa vie
et dans son travail de tous les jours ; voyons ensuite les
institutions publiques qui l'encadrent : administration, finances, justice et police puis la production de son labeur,
par l'examen de laquelle nous entendrons battre le cœur
même d'un pays où tout absolument se ramène à l'agriculture

ou Mores ; ils sont aussi extrêmement ignorants, et superbes, et
glorieux, qui sont les vices dont les Coptes sont particulièrement
atteints. »

(*Relation d'Egypte*, par le père Vausbel, 1672,
Paris, Michellet, p. 41).

(1) M. de Chabrol, *loc. cit.*

et à l'agriculteur, puisqu'il ne s'y trouve encore pour ainsi dire ni industrie, ni machines et que le commerce y est presque entièrement tombé entre les mains des étrangers.

L'Egypte, on l'a vu, est un pays surpeuplé. Aussi, bien qu'on y trouve des centres urbains très importants (le Caire compte aujourd'hui 1.000.000 d'âmes, Alexandrie 400.000, Tantah, Mausourah, Zagazig, Damiette, Assiout, dépassent sensiblement 30.000), les campagnes sont-elles très animées et remplies de très nombreux villages. On en estime le nombre à 4.000. Ces villages sont en plus grande quantité (les 2/3) dans la Basse que dans la Haute-Egypte, mais comme dans la Haute-Egypte la vallée cultivable se réduit pendant des centaines de kilomètres à une mince bande de terre qu'en de certains endroits un homme à pied traverse en deux heures, l'aspect de l'animation générale est partout le même. Les villages égyptiens, qui ne portent pas, comme ceux du maghreb, le nom de douar (ce dernier mot servant à désigner ici les bâtiments d'une exploitation), se succèdent à des distances très rapprochées sur les berges des canaux ou le long du Nil. A part la végétation d'alentour qui diffère, acacias-nilotica et sycomores dans le nord, palmiers-dattiers aux touffes très élevées dans le sud, depuis le Caire jusqu'à Assouan, leur extérieur est assez universellement le même. Les demeures, en briques crues, ne s'ouvrent pas toutes du côté de l'Orient, ne sont pas séparées les unes des autres comme en Tunisie, ni précédées d'une *zriba* de broussailles. Elles se resserrent au contraire, se groupent, souvent à l'intérieur d'un quadrilatère en pisé ; on juge tout de suite à cela de la valeur du terrain. L'air n'y pénétrerait jamais, ni la lumière, si elles n'étaient en général dépourvues à proprement parler de toit : quelques tiges de cannes à sucre entrecroisées et quelques touffes de maïs jetées par dessus pêle-mêle en tiennent lieu. De plus, les briques en terre qui servent à les construire ne sont pas du modèle adopté par les indigènes tunisiens; elles sont à peu près quatre fois plus petites et très minces, d'où très médiocre protection contre le froid et la chaleur. Si l'on ajoute à cela que la famille — et une famille en général très nombreuse — vit dans une seule pièce, et très communément avec ses poules et la buflesse qui constitue sa seule richesse, on se fera une idée de l'absence de confort, du manque d'hygiène, de la saleté repoussante de ces habitations. Elles sont littéralement sordides et inspirent une répulsion involontaire (1). Laissons au surplus la parole à un français installé depuis vingt-cinq ans en Egypte, et que ses fonctions d'inspecteur vétérinaire au domaine de l'Etat, ont appelé à passer une grande partie de son existence au milieu des fellahs. « La demeure du fellah est des plus rustiques, écrit-il (2), généralement une cabane en pisé dont le limon du fleuve ou des canaux fait tous les frais. C'est à peine si l'on y incorpore un peu de paille d'orge, de fèves, de lin, pour lui donner plus d'adhérence et de consistance. La hauteur de la hutte atteint rarement la taille d'un homme et sa surface embrasse seulement quelques mètres carrés. Pas d'autre ouverture que la porte ; pour toiture des roseaux, des joncs, des herbes sèches, des tiges de maïs, de sorgho, de bois de cotonnier. Tout s'entasse pêle-mêle dans ce réduit : bétail, basse-cour, ustensiles de cuisine... dans les pièces, aucune ouverture pour l'air et la lumière, elle ne serait pas tolérée longtemps par l'habitant... Quelques grands propriétaires construisent à leurs frais depuis quelques an-

(1) A la *Mataba* ou cube de terre humide se substitue toutefois aujourd'hui assez généralement un lit rudimentaire en feuilles de palmiers.
(2) Piot-Bey. *Causerie etnographique sur le fellah.*

nées des ezbehs (fermes) pour y retenir les travailleurs qui sont ainsi logés gratuitement, mais rien, dans ces locaux, et quelle qu'en soit la disposition, n'a été prévu pour y assurer un minimum d'hygiène. L'air et la lumière, ces puissants facteurs d'assainissement, ne peuvent y pénétrer que par les fissures de la porte. Rarement nettoyés, impossibles à laver, l'odeur qui s'en exhale affecte désagréablement l'odorat. Les parasites de toutes sortes y pullullent ; des nuées de mouches et de moustiques se complaisent dans ce taudis ; le fellah ne réussit à s'en débarrasser qu'en s'enfumant comme un jambon dans son propre intérieur (1) ».

Ajoutons que deux faits particuliers à l'Egypte contribuent à augmenter la malpropreté et l'incommodité de ces intérieurs. Le premier est la prédominance d'un fourrage vert et très aqueux, le *bersim*, dans l'alimentation du bétail, au moins les deux tiers de l'année, et cela en raison de la rareté de la paille, véritable produit de luxe. Cette nourriture et les déjections qu'elle provoque chez les animaux entretiennent autour de ces derniers de véritables cloaques. Le second fait est l'absence de combustible. L'Egytien, qui n'a ni forêt, ni broussailles à sa portée, ignore le bois. Ces déjections des animaux de labour, dont nous venons de parler, et sur lesquelles il faudrait s'excuser d'insister, si de pareils détails n'avaient leur prix dans une étude de ce genre, lui en tiennent lieu, et c'est un assez lamentable spectable que de voir le travail auquel sont forcées de s'adonner les fellahines, pétrissant journellement cette fiente et la faisant sécher au soleil pour s'en servir ensuite comme l'aliment à leur maigre foyer. » C'est ce

(1) M. Georges Legrain, dans son étude sur le fellah de Karnak, évalue la maison de l'indigène à 7 fr. 40 et le mobilier à 3 fr. 25. Son avoir serait de 100 fr. si on y ajoute 40 fr. de vê-

qu'on appelle la guilleh », écrit Piot-Bey « dont la recherche et la préparation sont une des principales occupa-
tions de la femme et de la fillette, aussi bien dans les villages que dans l'intérieur des grandes villes. On les voit
accourir, portant un couffin, une corbeille, suivre les animaux à la piste, ramasser en un tour de main les déjections solides, les recueillir même avant leur chute sur le
sol, en remplir leur couffin, les porter au voisinage de
leurs demeures, les pétrir avec des débris végétaux en ga-
lettes plus ou moins larges, les faire sécher sur le sol, ou
les coller contre les parois de la hutte, puis les entasser en
réserve sur la toiture. » Le bois du cotonnier rendrait bien
à cet égard d'inappréciables services, mais la quantité pro-
duite n'est pas suffisante, tant s'en faut : dans la Haute-
Egypte le cotonnier n'est que peu cultivé, et dans les grands
domaines de la Basse-Egypte, les riches propriétaires se
gardent bien d'abandonner leurs droits sur un produit aussi
précieux, et ils ont même fait outiller leurs machines à
battre ou leurs pompes à vapeur de façon à pouvoir l'utiliser pour chauffer les chaudières.

Si le feu manque au fellah, du moins a-t-il, il faut le
reconnaître, de l'eau en abondance, et l'eau du Nil, à condition d'être filtrée, passe pour être excellente. Mais combien se soucient ou sont en mesure de la filtrer ? Et ne
faut-il pas attribuer à cette eau une grande partie de ces
maladies infantiles qui sont une des plaies de l'Egypte.
Disons l'eau et aussi les crudités de toutes sortes, salades,
fèves, radis, concombres, melons, pastèques, oignons
verts, dont le paysan est très friand et qu'il fait avaler à

tements et 50 fr. représentant le prix du terrain, mais il n'est
pas toujours propriétaire.

La dot nécessaire à l'homme pour se marier — disons l'achat
de la femme — est de 5L.E.

ses enfants dès le premier âge (1). C'est même à peu près leur seule nourriture à tous, enfants et adultes, avec le pain de maïs ou de sorgho, informe et mal cuit, et c'est au maïs, ou plutôt à certaine maladie cryptogamique du maïs, qu'on attribue une redoutable affection très fréquente eu Egypte, la *pelagra* (2), connue aussi dans la vallée du Pô. Ses manifestations sont très diverses ; elle apparaît sous la forme d'une maladie de la peau, mais peut causer, comme l'actynomicose ; les désordres les plus graves dans l'organisme et même des troubles cérébraux. L'asile d'aliénés du Caire en renferme des cas très nombreux. Quant à la viande, le fellah ne consomme guère, et très rarement, que celle du buffle et du mouton. Dindons, oies, canards, pigeons, ces derniers si nombreux en Egypte (3), les œufs, le beurre et le fromage sont une source de revenus trop importante pour que le fellah néglige de se l'assurer.

Les conditions d'habitation et de nourriture du fellah sont donc déplorables, bien pires que celles de la plupart des fellahs tunisiens. Que dire de leur façon de se vêtir ? L'habillement du fellah est aussi peu rationnel que possible. Il traîne dans la poussière une robe longue, en général, d'un bleu lavé, la *galabieh*, et sa tête n'est protégée contre

(1) L'alimentation du fellah tunisien, à base d'orge et de blé, est infiniment plus rationnelle.

(2) Voir plus loin chap. III.

(3) Le pigeon commun est élevé à l'état semi-domestique dans des colombiers en forme de gigantesques pains de sucre réunis en série, quelquefois au nombre d'une centaine dans le même endroit. Les parois de ces tours à pigeons sont constituées par des vases en terre cuite dont l'ouverture est dirigée vers l'intérieur ; ces poteries sont agglomérées avec du mortier de terre et çà et là des ouvertures sont ménagées pour l'entrée et la sortie des volatiles. Le produit consiste dans la vente des jeunes couples et dans la vente de la colombine, engrais des plus recherchés.

les ardeurs du soleil que par une minuscule calotte de feutre, hémisphérique, s'appliquant exactement sur le crâne, la *libdeh*, ou par la *takieh*, petit bonnet au crochet. Les vêtements des femmes sont entièrements noirs et traînent eux aussi dans la poussière. Leur tête est recouverte de l'étoffe même qui les drape, mais elles ne sont pas voilées. Les enfants sont généralement nus. A partir de Louqsor, l'adulte lui-même ne porte plus guère de vêtements pour le travail. On côtoie en remontant le Nil de Louqsor à Assouan des berges monotones où l'on voit en plein hiver des torses nus s'abaisser et se relever automatiquement des journées entières pour remplir avec le *chadouf*, sorte de potence à bascule, munie d'un récipient à une extrémité, d'un poids compensateur à l'autre, les petits bassins communiquant avec les rigoles d'irrigation. Tous ces chadoufs grincent faiblement sur leurs axes. Ce bruit qui vous poursuit pendant des heures semble être la plainte multipliée qu'exhale ce peuple éternellement esclave. Et pourtant ! quelle amélioration de leur sort que la suppression de la courbache et de la corvée, toutes deux dues à l'occupation anglaise et que ces hommes puissent enfin — après combien de siècles — travailler sans être battus, et pour du moins être payés !

Mais que sont-ils payés ? Et comment le fellah subvient-il à ses besoins, si minimes qu'ils soient ?

La réponse à cette question diffère suivant qu'on envisage le véritable journalier, ou l'ouvrier agricole attaché à un domaine, sans parler bien entendu du locataire ou du petit propriétaire, dont nous étudierons la condition après celle des salariés. Le premier est bien entendu le plus misérable de tous les fellahs ; on le rencontre surtout dans la Haute-Egypte, où les espaces cultivables sont beaucoup trop réduits pour la population. Une notoriété du monde médical français séjournant à Louqsor nous disait que

chaque fellahine avait dans cette région en moyenne qua-
torze grossesses au cours de son existence. Il est vrai que,
par une sorte de sélection naturelle, près des trois quarts de
ces enfants meurent en bas âge (1). Malgré cela, il en
resterait encore trop pourqu'on ait pu nous citer, dans cette
région toujours, des salaires, considérés il est vrai comme
exceptionnels, de *trois guinées par an* (75 francs). Depuis quelques années cette catégorie d'ouvriers devient plus mobile
qu'autrefois, en raison de la plus grande facilité des com-
munications. Le Delta, qui a beaucoup étendu ses cultures
avec le nouveau système d'irrigation, a besoin de plus de
main-d'œuvre et appelle ces ouvriers à lui, mais l'utilisation de leurs bras aura pour effet d'empêcher la hausse des
salaires dans l'ensemble du Delta, sans améliorer beaucoup
la situation des gens de la Haute-Egypte. Une sorte de nivellement se fait par suite de la loi de l'offre et de la
demande, de sorte qu'à part quelques exceptions en sens
inverse de celle que nous avons citée tout à l'heure, le
salaire journalier du fellah égyptien ne dépassait guère, il
y a une dizaine d'années, « le maximum de 3 piastres au
tarif (P. T.) (2) pour une journée de travail effectif de 12
heures, et parfois plus (3) ». « Le salaire moyen d'un enfant est d'une demi-piastre au tarif, celui d'un adolescent,
ou d'une femme d'une piastre, et celui d'un adulte de 2 à
3 piastres », écrivait Piot-Bey en 1900. Il y a eu, depuis cette

(1) D'une enquête à laquelle s'est livré Artin Yacoub Pacha
dans la *Basse-Egypte*, il résulte que la moyenne des naissances
dans le village de Chebretohit était de 15 environ par ménage,
et qu'à l'âge adulte il restait au plus 5 à 6 survivants (Piot-Bey,
loc. cit.)

(2) La piastre au tarif vaut 0 fr. 26, on la désigne ainsi généralement P. T. La L. E. (livre égyptienne) vaut 100 P. T. ou
26 francs.

(3) Nahas, Situation économique et sociale du fellah égyptien.

époque, de l'avis des personnes que nous avons consultées, une certaine amélioration, sans qu'on ait pu nous donner des chiffres exacts. Ce qu'il semble qu'on soit autorisé à dire, c'est que ce salaire journalier de *3 piastres*, considéré alors comme un maximum, représenterait aujourd'hui *la moyenne de toute l'Egypte pour l'homme adulte*. Le seul avantage qu'ait pour elle cette catégorie de journaliers en Egypte, c'est d'avoir du travail toute l'année et de n'avoir jamais de morte saison, comme dans tous les pays méditerranéens et européens. C'est là, soit dit en passant, une des conséquences directes du régime particulier à l'oasis égyptienne, sur lequel nous avons cru devoir insister. ◦

Les ouvriers attachés à un domaine se divisent à leur tour en deux catégories, les uns travaillant à la part et les autres à la journée, répondant respectivement assez exactement aux *khammès* et aux *agirs* tunisiens. Leur situation est fort bien déterminée par M. Nahas, auteur d'une thèse sur la situation économique et sociale du fellah égyptien. « Quand les ouvriers sont engagés à la part », écrit-il, « on leur accorde le quart, le cinquième ou le sixième de tous les produits du sol, ce qui peut faire, bon ou mal an, une moyenne de 8 L. E. (un peu plus de 200 francs). Hormis pour le coton, la part qui leur revient dans tous les autres produits leur est remise en nature, et ils la reçoivent au moment où ces produits (blé, orge, fèves) sont emmagasinés. Quant à l'argent qui leur revient sur la vente de leur part de coton, ils n'en touchent en réalité rien, parce qu'ils ont dû, dans le courant de l'année, se procurer de quoi se nourrir, s'habiller, pourvoir aux besoins de leur famille, parfois se marier ou enterrer l'un des leurs et que c'est leur patron qui leur a avancé le maïs, et de temps en temps, la pièce blanche nécessaire... Les céréales et toutes les avances en nature sont arbitrairement estimées par le

patron à un prix qu'il peut majorer à sa guise, sans contrôle, ni protestation possible. D'autres sommes sont également déduites de cette part, ce sont toutes celles que le
patron a dû débourser pour se procurer une main-d'œuvre
supplémentaire, lorsque le besoin s'en est fait sentir. Ainsi
la cueillette du coton exige de grandes dépenses ; elle est
faite par les femmes et les enfants des cultivateurs et par
nombre d'autres femmes et enfants que l'on fait venir du
voisinage, moyennant un salaire de 50 à 60 centimes. Or
cette cueillette est longue et difficile et le salaire qu'elle
exige enlève quelquefois au cultivateur le cinquième de ce
que sa part lui rapporte. Après toutes ces déductions il est
bien rare, surtout si le propriétaire n'est pas d'une honnê-
teté scrupuleuse, qu'il reste encore quelque chose au fellah ;
le plus souvent le compte se solde en sa défaveur et ce
solde débiteur est reporté à l'année suivante. Bien des
fellahs qui ont travaillé à la part pendant quatre ou cinq
ans chez un propriétaire se sont trouvés, au bout de cette
période, débiteurs de plus de 40 L. E. (1040 fr.). Quoi
d'étonnant à ce que l'homme soit enclin à l'oisiveté et à
la négligence lorsque son travail l'empêche seulement de
mourir de faim.

Voici donc un prolétariat presque aussi misérable que le
précédent, si ce n'est l'assurance du maïs journalier. Encore celui qui y est assujetti a-t-il aujourd'hui la possibilité de s'en évader, sans que la police ait le droit d'intervenir, ni le patron d'autre pouvoir que de le poursuivre civi-
lement ; c'est une amélioration certes, si l'on songe qu'au
temps de la dure loi des Turcs, il ne manquait pas
de gouverneurs complaisants en Egypte, pour rattraper
les fugitifs, les rouer de coups et les rendre à leurs maîtres.

La situation des ouvriers journaliers attachés au domaine

est meilleure. Presque tous reçoivent en fermage, à un taux de faveur (les 2/3 ou la moitié du taux normal) un ou plusieurs *feddans* (1) de terre, moyennant quoi la famille s'engage à fournir le travail dans les champs du propriétaire à réquisition. Ce fermage vient en déduction lors du paiement des salaires, qui oscillent, dans ces conditions, entre 40 et 60 centimes par jour. Tout compte fait le fellah, d'après M. Nahas, gagnerait encore moins dans ce mode d'exploitation, que ceux qui travaillent à la part, mais du moins a-t-il l'assurance d'un travail continu et régulier, la sécurité d'un contact réel avec son patron, et surtout la satisfaction, bien connue de ceux qui ont pratiqué les gens et les choses de la terre, de cultiver son lopin de sol comme il l'entend, et d'avoir ne fût-ce que l'apparence de la possession d'un bien au soleil...

Au total on peut affirmer que la moyenne des salaires de toute l'Egypte, parmi les trois catégories de fellahs que nous venons de citer, n'atteint pas 4 piastres, soit environ 1 franc, et bien que ce salaire soit plus régulièrement assuré au fellah égyptien qu'au fellah tunisien, il ne nous semble pas que la vie matérielle soit plus largement assurée au premier qu'au second. Le contraire nous paraît même certain, à considérer : 1° que l'excédent de population et l'absence de salaires industriels d'aucune sorte tend sans cesse à niveler les taux, et 2° que le coût de l'existence est plutôt plus élevé dans le Delta et la vallée du Nil.

Sur cette question des salaires, M. Foaden, Secrétaire de la Société Khédiviale d'Agriculture, d'attache officielle, écrit ceci :

« La main d'œuvre à bon marché est abondante en Egypte. Au point de vue européen on la considérerait comme

(1) Feddan = 4.200 m. q.

inefficace, mais avec les *procédés primitifs* de culture en usage, elle répond à tous les besoins. Par suite du *bas prix* payé aux ouvriers agricoles, beaucoup de travaux pour lesquels en Europe ou aux Etats-Unis on aurait recours à des machines, sont faits ici à la main. A vrai dire les seuls instruments de quelque importance employés par la culture sont la charrue indigène, la *Kossabieh*, sorte de caisse plate à bords relevés comme une brouette sans roues, pour niveler la terre, et des planches servant de herse. La houe (*fâs*) est essentiellement l'outil du fellah, celui dont il a toujours besoin... Les salaires se sont élevés dans les dernières années, et il est probable que ce mouvement ne fera que continuer. Cependant, comme on peut trouver des ouvriers pour *soixante-quinze centimes par jour*, on avouera qu'il n'y a pas à se plaindre... au moins au point de vue occidental. »

« Le fellah est un cultivateur (disons un jardinier) excessivement habile, et de plus il est dur à la tâche, etc... etc... » (1)

Il convient d'envisager, après la condition de l'ouvrier des campagnes, celles des fellahs locataires ou propriétaires. Ces deux catégories de cultivateurs sont récentes. On sait ce que fut en Egypte le régime des Khalifes et des Mamelucks : La notion de propriété privée totalement inconnue, le pays entier considéré comme bien personnel du souverain, exploité par lui comme un immense domaine particulier, et cela jusqu'à l'époque d'Ismaël. De textes de l'historien El Syouthy, rapportés par Artin Yacoub Pacha dans son remarquable ouvrage sur la propriété foncière en Egypte, il résulte que « la propriété, au sens où nous

(1) Foaden — Notes sur l'Agriculture Egyptienne.

l'entendons en Europe, n'a jamais existé en Egypte, et que dès l'origine de la conquête musulmane, l'habitant du pays, l'ancêtre du fellah actuel, ne possédait pas le fond du sol, lequel appartenait à la communauté, et par extension à l'Etat, c'est-à-dire au souverain ». Ce dernier fit bien, notamment aux XVIIᵉ et XVIIIᵉ siècles, des concessions de terres sous la forme de fermages généraux, pour employer un terme que le rapprochement avec nos institutions analogues de l'ancienne monarchie permettra d'interpréter, c'est-à-dire sous la condition de lever les impôts, mais les concessionnaires eux-mêmes (*Mouletzim*) n'étaient sûrs de conserver leur concession (Hitzam), que s'ils n'avaient pas de concurrents plus riches, ou s'ils disposaient de la protection d'amis puissants. Quant aux terres peu nombreuses concédées à des particuliers, elles étaient en général rapidement transformées en *Wakfs* (Habous). « Personne n'était donc propriétaire en Egypte; chacun ne jouissait de l'usufruit de la terre qu'il cultivait que jusqu'au moment où il était dépossédé par ses ennemis personnels ou les ennemis de ses partisans. » Les réformes même de Mehemet Ali, qui distribua (1813) les terres des communes d'Egypte aux habitants, en quantité ou en qualité approximativement égales, n'aboutirent à faire des bénéficiaires que des sortes *d'usufruitiers viagers*. La loi du 5 août 1858, sous Saïd Pacha, n'alla pas beaucoup plus loin. Elle autorisait le tenancier à transmettre par héritage, vendre, louer, hypothéquer, mais le laissait exposé à une expropriation sans indemnité par l'Etat, qui conservait ainsi le domaine éminent. Il faut arriver jusqu'en 1871, à la fameuse loi de la Moukabalah, à la loi de liquidation de 1880, aux décrets du 15 avril 1891 et du 3 septembre 1896 pour trouver enfin, dans des textes d'ailleurs très confus, l'embryon d'un droit de propriété individuelle reconnu.

Cette conception très spéciale de la propriété, où le domaine du Prince ne se confond pas seulement avec le domaine de l'Etat, comme dans beaucoup d'autres pays à certains moments de l'histoire, mais encore avec le domaine même des particuliers, ne pouvait prendre naissance et se perpétuer que dans un pays comme l'Egypte, plat, uniforme, facile à dominer, puisque l'habitant, pris entre deux étendues désertiques, ne peut ni se sauver ni compter sur l'appui d'un voisin, et où celui qui détient l'eau du Nil, chef politique ou militaire, est réellement le « maître de l'heure » et le dispensateur de la vie.

Toujours est-il que présentement —- et sans entrer dans de plus longs détails dont l'exposé nous ferait sortir du cadre de cette étude (1) — le droit d'accession à la propriété est formellement reconnu au fellah; par voie de conséquence les contrats de location du sol peuvent être établis sur une base solide (2). Les tendances de la politique anglaise sont même tout en faveur du développement de la petite propriété indigène. Ce serait une grave erreur, en effet, de s'imaginer que l'Egypte joue aux yeux des Anglais le rôle d'une colonie de peuplement, comme pour nous l'Algérie et la Tunisie. L'Angleterre n'a jamais songé, comme on se l'imagine parfois en France, à faire de l'Egypte à proprement parler une possession anglaise. Si l'on voulait résumer d'un mot sa situation dans la vallée du Nil, il suffirait de dire qu'elle tient une garnison de 3.000 hommes aux portes du Caire et un corps de 300 fonctionnaires dans les diverses administrations. Il n'y a

(1) Pour tout ce qui concerne l'organisation de la propriété en Egypte, se reporter au livre excellent d'Artin Yacoub Pacha, mentionné plus haut.

(2) Sans toutefois que fonctionne rien de pareil à l'Act. Torrens australien ou à notre immatriculation tunisienne.

SURFACE POSSÉDÉE	1906				1896			
	ÉGYPTIENS		ÉTRANGERS		ÉGYPTIENS		ÉTRANGERS	
	Superficie en feddans	Nombre de propriétaires	Superficie en feddans	Nombre de propriétaires	Superficie en feddans	Nombre de propriétaires	Superficie en feddans	Nombre de propriétaires
Au-dessous de 5 feddans.	1.259.670	1.002.806	4.414	2.899	988.804	608.973	5.039	2.701
5 à 10 feddans	529.313	76.997	4.951	666	559.881	80.024	5.929	786
10 à 20 feddans. . . .	515.217	37.242	8.311	575	563.201	40.548	10.883	728
20 à 30 feddans. . . .	271.533	11.112	7,260	376	307.959	12.559	9.382	378
30 à 50 feddans. . . .	317.342	8.246	4.159	355	340.890	8.847	17.408	460
50 feddans	1.763.175	10.921	593.427	1.554	1.666.447	10.389	525.178	1.486
TOTAL	4.666.250	1.147.324	632.522	6.425	4.427.182	760.731	573.819	6.529

pas sur le territoire un seul *colon*, au sens où on l'entend en Algérie et en Tunisie. Cela est aisé à concevoir. La densité de la population rurale, la haute valeur des terrains suffiraient déjà par elles-mêmes à écarter l'élément européen, si par ailleurs le Gouvernement de la Grande-Bretagne, soucieux seulement d'avoir en Egypte un riche champ de coton pour ses manufactures et la clef de la mer Rouge dans un coin, n'avait obstinément cherché, par mesure de bonne tranquilité politique, à mettre autant que possible le sol entre les mains de ceux qui le cultivent. Cela est plus facile que partout ailleurs, ce sol, divisé en petites surfaces, se travaillant comme un jardin. Lord Cromer revenait sur ce point, à ses yeux des plus importants, dans chacun de ses rapports. « A mesure que la population ira en augmentant, » écrivait-il en 1906, « le danger grandira de voir naître entre la classe des propriétaires et la classe des tenanciers des causes de crises dans le genre de celles qui, aux Indes et en Irlande, ont amené de si profondes perturbations. Le meilleur moyen d'éloigner une telle échéance sera d'éviter de prendre aucune mesure tendant à laisser disparaître la classe des petits propriétaires. »

A la suite de cette déclaration se trouvait un tableau, que nous reproduisons ci-contre, et qui indique avec précision le nombre des Egyptiens et des étrangers propriétaires en Egypte, avec la surface possédée par les différentes catégories entre lesquelles ils se répartissent. Le fait qui ressort de l'examen de ce tableau, c'est précisément la stagnation du nombre des grands propriétaires (1), pendant la période qui va de 1896 1906, la diminution du nombre

(1) Il convient de ne pas oublier qu'en raison de la valeur des terrains, un propriétaire de 50 feddans ou 20 hectares en Egypte, équivaut au propriétaire de 200 hectares d'excellentes terres en Tunisie.

des propriétaires moyens, et l'augmentation de celui des petits propriétaires. C'est évidemment une force pour un pays que 1.000.000 d'habitants, le douzième environ de la population totale, détiennent 1.259.670 feddans, soit en moyenne un demi-hectare par tête, et que si l'on compare le nombre des propriétaires fonciers avec la population agricole globale de l'Egypte, on ait un propriétaire sur dix habitants des campagnes environ.

Le nombre des locataires est, d'autre part considérable, en raison du caractère d'absentéisme particulier à la culture égyptienne. On n'y trouve pas de *colons*, nous l'avons dit, ni anglais ni autres. Le riche capitaliste indigène n'exploite, lui non plus, volontiers en culture directe. Personne ne semble avoir le goût de la terre dans ce pays qui en vit exclusivement; personne n'habite la campagne, à part quelques très rares exceptions, que le fellah lui-même. Il n'y a pas en réalité, tant dans les villages que dans les villes d'Egypte, de classe moyenne. La terre, autant qu'il soit possible d'établir des lignes de démarcation très nette dans une matière aussi complexe, appartient en premier lieu, pour moitié dit-on, à la famille Khédinirale, aux descendants de quelques riches familles turques ou coptes, au gouvernement : domaines de l'Etat, Daïra Sanieh (1), aux Wakfs. (Habous) ; — en second lieu à de grandes sociétés, fondées surtout depuis quelques années, et qui se sont donné pour but, non l'exploitation à proprement parler, mais la mise en valeur du sol par le dessalement et l'assèchement des terres, les travaux du nivellement ou de colmatage, de drainage ou d'irrigation, puis la revente du terrain avec bénéfice au fellah, dont la seule

(1) Le groupe de ces deux dernières catégories représenterait à lui seul le 5ᵉ de l'Egypte cultivée ? (Pensa).

ambition, peut-on dire, est de devenir un jour propriétaire,
et qui est prêt à donner pour cela n'importe quel prix, tant
la chose aurait seulement paru fabuleuse à la génération de
son père ; — en troisième lieu à cette classe de petits propriétaires qui s'est presque totalement constituée depuis
une trentaine d'années, et qui, d'après le tableau de lord
Cromer, aurait augmenté de 40 o/o en 10 ans (600.000 en
1896. 1.000.000 en 1906).

Cette catégorie de propriétaires exploite bien entendu
directement. Quant aux deux autres, il importe d'y insister, elles n'exploitent presque jamais directement, exception faite pour les domaines de l'Etat (1). Elles louent au
fellah, ou lui revendent, par lots souvent minimes. Si bien
qu'en fin de compte l'aspect général de l'Egypte agricole
est celui-ci : quelques très grands propriétaires (capitaux
particuliers ou en association) pratiquant l'absentéisme, —
peu de classe rurale intermédiaire — et une quantité relativement considérable, mais toute récente, de petits locataires et de très petits propriétaires indigènes.

L'intéressant serait de connaître la situation exacte de ces
petits propriétaires et de ces petits locataires (en bonne
économie rurale, ils doivent être rangés dans la même catégorie, les premiers devant tenir compte dans leurs dépenses de la rente du sol, comme les seconds de sa location), mais il faut avouer que cela est assez malaisé. Le
paysan, dans tous les pays du monde, est non seulement
soupçonneux et méfiant vis-à-vis de celui qui l'interroge,
mais encore incapable en général d'établir le moindre bilan
de ses opérations. Combien sont-ils, dans nos campagnes
de France, même les plus prospères et les plus avancées, à
pouvoir indiquer l'affectation de leurs dépenses, la moyenne

(1) Donnés en garantie du paiement du coupon de la Dette.

de leurs rendements, la balance de leurs comptes profits et pertes. Une comptabilité agricole rationelle et à peu près exacte est, en Europe même, une chose des plus rares. Il est facile de s'imaginer ce que cela peut être en Egypte, et à quelles difficultés se heurte dès lors une enquête de ce genre dans un pays où la routine, l'ignorance, et très souvent l'imbécillité du fellah sont notoires, la défiance sinon l'hostilité à l'égard de l'Européen, très marquée (1), et les compétences techniques, si extraordinaire que cela puisse paraître, à peu près absentes. Ajoutons que les notions exactes de prix des terrains comme des denrées sont faussées par la spéculation, et les revenus bruts diminués d'emblée dans une proportion considérable, de ce simple fait que l'Egypte est un pays tributaire et hypothéqué, qui doit 100 millions par an à l'Europe, non compris les 656.041 L.E. au Gouvernement Ottoman, et qu'il faut bien les demander à la terre, puisqu'on ne peut les trouver que là. Malgré la réduction de la dette en vertu de la loi de liquidation qui commença à fonctionner en 1881, le montant par tête d'habitant, qui était de 15 L.E. 3 schellings 9 piastres en 1880, serait encore 8 L.E. (2)

Quoiqu'il en soit, tentons de voir de près la condition réelle du fellah locataire ou propriétaire. Il emploie comme animaux de travail la bufflesse, le bœuf, exceptionnellement le mulet. Le mulet de Chypre ne se paie pas beaucoup plus cher qu'en Tunisie (5 à 600 fr.) mais la buflesse coûte de 7 à 800 fr.; elle donne, il est vrai, 8 à 10 litres de lait ou 1 kgr. de beurre. (Le bufle mâle n'est utilisé que comme reproducteur). Les bœufs, qui atteignent les prix de 5 à 600 fr. ne valent pas comme coefficient de travail, 4 fois

(1) Nous parlons des campagnes, bien entendu.
(2) Bourse Egyptienne du 5 janvier 1901.

les bœufs tunisiens qui se paient 4 fois moins. Son travail, le fellah ne le compte guère, quand c'est pour lui-même et avec sa nombreuse famille qu'il travaille, et d'une façon générale ce travail n'est ni très dur ni très astreignant. L'eau est élevée jusqu'au champ à irriguer à l'aide de la *sakieh*, la *noriah* tunisienne, qu'actionne une buflesse ou un chameau. Les locataires des grands domaines profitent des avantages de la pompe à vapeur, voire même à l'électricité, mais le cas est unique, dans certains domaines de l'Etat. Le chadouf, dont nous avons donné plus haut la description, et une sorte de vis d'archimède enfermée dans un tambour en bois, qui aspire curieusement l'eau des petits canaux, sont moins répandus qu'autrefois, surtout dans la Basse-Egypte. Seul le sarclage du coton est pénible et sa cueillette délicate. Mais le blé se sème sur la terre humide, à la volée, ainsi que le bersim (trèfle blanc), ou l'orge. Le grain s'y enfonce par son propre poids. On ne fait pas usage de la herse. La moisson est facilitée du fait de l'absence presque totale de mauvaises herbes sous un climat dépourvu de pluies, et aussi du peu de longueur de la paille, car la mûrisson se fait très rapidement au printemps et la période de végétation de la céréale est plus courte que dans nos pays. On peut, dans le budget du fellah, ne pas faire état de l'achat d'instruments de culture, il n'en possède littéralement aucun. Contrairement à ce qu'on pourrait croire, les procédés de l'agriculture moderne rationelle, dotée de puissants moyens mécaniques, sont inconnus en Egypte. Seuls quelques très grands domaines sont pourvus de batteuses à vapeur ; les moissonneuses-lieuses ont été essayées, on a dû y renoncer. On ne voit ni charrues européennes, ni herses canadiennes perfectionnées, ni scarificateurs d'aucune sorte. La brouette même et la pelle, le croirait-on, sont ignorées, ou à peu près, sur toute l'étendue du pays. Le couffin en tient lieu, et le fas, cette espèce de petit hoyau triangulaire, qui sert au fellah à remplir de sable, de terre, ou de fumier le couffin pour le porter ensuite sur l'épaule, double opération dont il s'acquitte du reste avec une dextérité merveilleuse. On est tenté de s'étonner au premier abord, d'un pareil état de choses, d'une telle routine, et d'en rejeter la responsabilité sur l'insouciance du fellah ou de ceux qui le dirigent. Ce serait, selon nous, injuste en grande partie. Sans doute, ce n'est pas un des paradoxes les plus imprévus de l'Egypte que d'y relever l'absence d'un ministère de l'Agriculture. L'ignorance volontaire de l'élément indigène, du native, où se tiennent les anglais, l'absolu manque de contact entre le capital et le travail y contribuent certainement aussi, mais il faut voir les choses de de plus près. L'Egypte, qui est un jardin, doit être cultivée comme un jardin. Les champs, entrecoupés de petites rigoles, et d'ailleurs de dimensions presque toujours restreintes, ne se prêtent pas, par exemple, à l'usage des moissonneuses-lieuses, et il n'est pas dit du tout que leur emploi « paierait ». La batteuse fournit d'autre part une paille trop dure pour l'alimentation des mulets et des chevaux, vu qu'on ne produit point d'avoine, et que, sous ces climats, la paille d'avoine est seule comestible. C'est à ce point que les quelques grands domaines qui s'en servent ont fait fabriquer en Angleterre des batteuses hache-paille d'un modèle spécial. La herse, nous l'avons vu, est inutile et la charrue européenne serait nuisible, très souvent, car elle ramènerait à la surface les couches d'un sous-sol presque toujours salé. Il y a plus, le développement du machinisme agricole aurait pour effet fatal d'augmenter l'offre des bras pour la culture et de diminuer par conséquent les salaires déjà si bas; de sorte qu'on est tenté de voir comme le geste d'une défense naturelle et inconsciente de la race dans cette routine obstinée du fellah, foncièrement hostile à l'introduction de toute modification de ses méthodes séculaires.

Le travail et les instruments de ce travail ne constituent donc pas une dépense dans le budget du petit locataire et du petit propriétaire fellah, et si son bétail lui coûte à acheter, il lui rapporte en proportion ; la vente des produits annexes de sa petite exploitation, les œufs, dont l'Egypte exporte une quantité appréciable, les pigeons, les dindons qui se vendent jusqu'à 18 fr. pièce, lui sont un appoint sérieux ; il ne connaît pas les aléas des intempéries, et malgré tout, vu les charges qui pèsent sur lui et que nous étudierons plus loin, il n'apparaît pas que son bénéfice net puisse dépasser bon an, mal an, et autant, encore une fois, que de pareils chiffres puissent être avancés, le grand maximum de **70** fr. par feddan de culture. Voilà ce dont dispose le million de propriétaires de o à 5 feddans indiqué pour 1906 par le rapport de lord Cromer. La condition du fellah locataire et propriétaire est-elle dès lors très supérieure (la question d'indépendance, qui à son prix, mise à part) à celle de l'ouvrier salarié ? On peut en douter, de sorte que l'examen auquel nous venons de nous livrer, réserve ce dernier et triste contraste d'une des plus riches terres du globe exploitée et travaillée par une population en somme assez misérable.

Et pour ne pas souscrire entièrement à cette spirituelle boutade par laquelle Piot-Bey termine son étude sur le fellah : « Si le tableau que je vous ai présenté de la population agricole de l'Egypte paraît quelque peu sombre, rappelez-vous que cette race détient un des records de l'histoire, et que les peuples heureux n'en ont pas !... », il faut faire un retour en arrière, sinon jusqu'à l'époque des Pyramides, dont l'entassement représente le sacrifice de

milliers de vies humaines, mais à l'époque terrible des mamelucks, ou seulement au commencement du xix⁰ siècle ;
il faut relire le mémoire de l'expédition d'Egypte où Girard
estime le salaire du fellah à 5 sous par jour, et établit son
budget de dépense sur le pied de 70 francs par an : 20 fr.
pour une chemise, 40 fr. pour le maïs, les concombres et
les oignons crus, 10 pour le café et la viande ! Considérer
qu'il n'y a pas cinquante ans, la soldatesque turque ne recouvrait l'impôt qu'à coup de courbache, que ces malheureux pouvaient être réquisitionnés pour n'importe quel
travail qu'il plaisait au souverain de commander, et que de
la propriété enfin ils ignoraient jusqu'au nom (1).

Pour apprécier impartialement la condition du fellah, il
faut donc la considérer toutes proportions gardées. On re-
connaîtra alors qu'étant donné que cette condition fut pendant des siècles une des plus misérables que l'on puisse
concevoir, il est incontestable que des progrès énormes et
rapides ont été accomplis. Ils l'ont été d'abord, comme partout, par la force des choses, sous la poussée des idées européennes dès Mehemet-Ali, puis plus spécialement avec
le concours des garanties de stabilité qu'apporte incontestablement à tout l'édifice politique et social du pays l'occupation britannique. Si, d'ailleurs en ce qui concerne
l'ouvrier agricole, sa fâcheuse situation paraît sans remède,
l'excès de population étant la cause principale du mal, et
sauf à imaginer, Dieu sait dans quel lointain avenir, la for-

(1) D'après M. Léopold Julien (*Revue internationale d'Egypte*,
mai 1905) le revenu net du cultivateur, une fois ses charges
payées, serait de 8.500.000 LE. soit moins de 1 LE. par tête d'habitant. Il est difficile d'admettre, en concluait-il, que les besoins
du fellah soient tellement modestes qu'on puisse prélever encore
une forte part sur cette somme pour gager de nouveaux emprunts.

mation de syndicats de défense des intérêts de la classe rurale, il est permis au contraire d'envisager la possibilité
d'améliorations dans la situation des petits locataires et des
petits propriétaires fellahs.

A quoi tient en effet l'infériorité de leurs bénéfices et la
précarité de leur état sur un sol aussi fertile ? A diverses
causes que nous allons dégager, en passant rapidement en
revue les institutions d'ordre public qui encadrent leur vie
privée, puis les produits de la culture dont ils attendent
leur gain. Nous allons nous trouver en présence :

1° D'un impôt foncier écrasant, évalué par les autorités
les plus sûres au 30 o/o environ du revenu net de la terre.

2° De conditions encore imparfaites d'organisation de la
justice et de l'administration locales, malgré les progrès
réalisés à cet égard par les Anglais.

3° D'un état d'insécurité des campagnes, qui paraît croî-
tre au lieu de diminuer.

4° D'une dette hypothécaire privée, souvent encore maintenue à des taux usuraires, qui grève une très grande quantité d'immeubles ruraux.

5° D'un prix excessif des locations qui atteignent facilement, aujourd'hui encore, dans les bonnes terres, malgré la
crise grave que l'Égypte traverse depuis dix-huit mois,
à la suite de la baisse du coton, la somme de 10 L. E. de
260 fr. le feddan, soit 600 fr. l'hectare, ce qui revient à
dire, grosso modo, qu'on loue la terre d'Égypte au prix où
on l'on achète en Tunisie.

§ 2.

Il faudrait un volume entier, et les éléments s'en
trouvent dans l'excellent mais déjà vieil ouvrage d'Artin
Yacoub Pacha que nous avons cité — pour donner une

3

idée de la complexité du fonctionnement de l'impôt foncier en Égypte. — Insistons tout d'abord sur ce mot d'impôt
foncier. Cet impôt est en effet le seul qui frappe le fellah,
et il frappe la terre et non la récolte, ce qui le différencie
doublement, et dans son essence, des contributions tuni-
siennes.

Non que le fellah n'ait jamais connu l'impôt de capita-
tion, analogue à la *medjba* tunisienne. Les instructions du
Khalife Omar à son gouverneur en Égypte, enjoignaient de
lever sur le peuple le tribut de 12.000.000 de dynares, qui
fut porté à 14.000.000 par le Khalife Othman quelques années plus tard, puis tomba à 6 et même à 3 millions jusqu'au xiiie siècle, époque à laquelle les Mamelucks s'empa-
rèrent du gouvernement. Les historiens de la première
époque de l'Islam nous apprennent que cet impôt, qui portait le nom de *Djezieh*, (et qui existe encore en Turquie, si
nous ne nous trompons, à titre de taxe de remplacement
du service militaire) était assis par tête d'habitant, non point
réparti uniformément sur tous les Égyptiens chrétiens, âgés
de 12 à 60 ans, mais établi proportionnellement suivant la
position ou la fortune de chacun d'eux. Plus tard, au iie ou
au iiie siècle de l'hégire, époque à laquelle la majorité de la
population se fit musulmane, il devint exigible même pour
les musulmans, qui le payèrent avec des intermittences,
jusqu'à nos jours, sous le nom de *firda*. C'est le 7 Safar
1856 qu'un décret ordonna, en vue d'unifier la matière
imposable, sa répartition entre les terres Kharadji situées
dans la même province : il perdit ainsi son caractère.

Quant à l'impôt foncier, on en trouve l'embryon dès le
Khalifat de Memoun en 813, mais son organisation véritable remonte à l'époque des Fatimites au xiie siècle. Il est
de deux sortes alors, suivant qu'il frappe l'une ou l'autre
des deux grandes catégories de terres entre lesquelles s'est

répartie pendant des siècles la propriété égyptienne, les terres *Kharadji* et les terres *Ochouri*. Pas plus celles-ci que celles-là n'ont jamais été, nous l'avons vu, de véritables biens melk, de sorte que comme le dit très bien Artin Yacoub, auquel nous avons emprunté tous ces détails, la propriété (et par suite l'impôt) fut constituée sur des bases toutes différentes de celles des autres pays conquis par l'Islam. Les terres *Kharadji*, telles que les définissait le *Cher* en Égypte (chaara) ou loi de la constitution territoriale, étaient « toutes les terres autres que celles des pays arabes ; et celles des pays irrigués par des rivières non arabes ; les terres *ouchouri* étaient les terres arabes (1) ». L'impôt qui frappait les premières était plutôt une sorte de tribut correspondant à la jouissance du sol que le conquérant consentait à laisser au vaincu. Les terres ochouri devaient l'ochour, soit la dixième partie en nature de la production totale de la terre. Seul ce dernier impôt peut donc être rapproché de l'achour tunisien, mais avec cette différence toutefois : 1° qu'il était payable en nature ; 2° qu'il était fixé d'avance et d'après la qualité ou l'étendue du terrain, de façon approximative, et non annuellement d'après l'étendue des emblavures. La première de ces différences ne subsiste plus. L'impôt est aujourd'hui perçu en argent sur tout le territoire de l'Égypte. En raison de la pénurie de numéraire dont le pays souffrait l'hiver dernier, les journaux indigènes réclamaient pour le fellah la faculté de s'acquitter en nature comme il était de règle jadis.

Les terres Kharadji, qui représentaient les 3/4 de l'Égypte, furent pendant des siècles les seules imposées. Les terres

---

(1) Arabes de fait, ou arabes par droit de conquête, ce qui équivaut à dire que le bon plaisir du prince pouvait décréter une terre ochouri, comme il arriva précisément plus d'une fois.

ochouri, en effet, étaient considérées comme des sortes de fiefs privilégiés, émanant des ancêtres de la conquête. Connues sous le nom d'Abadiehs, de tchefliks, d'oussiehs, elles ne furent soumises à l'impôt qu'en 1854, et encore dans une proportion beaucoup moindre que les terres Kharadji. Cela tout à fait arbitrairement. Aussi dès avant l'occupation anglaise, le contrôle international avait-il tenté de modifier un état de choses tel que des terres de première qualité étaient à peine imposées, tandis que des contributions de 30 à 40 francs par feddan en frappaient d'autres de qualité très inférieure. Ce ne fut pas une des œuvres les moins difficiles et les moins honorables du gouvernement de ces 25 dernières années, que la suppression des deux régimes juridiques de terres, et ce qu'on a appelé la péréquation de l'impôt, c'est-à-dire la répartition équitable de la contribution foncière suivant la qualité des terrains. Commencée en 1899 (décret du 10 mai) cette œuvre a été achevée il y a un an seulement).

Les taux d'imposition, établis sur la base de *28,64 o/o de la valeur locative*, s'échelonnent en 24 catégories, depuis le chiffre de 14 P.T. au feddan jusqu'à celui de 164 P.T. qui ne doit, en aucun cas, être dépassé (art. 7 du décret du 10 mai 1899). La moyenne de l'impôt par feddan est ainsi de 89 P.T. ou 23 fr. 15, ce qui fait environ *55 fr. par hectare.* Ce chiffre est évidemment considérable. Il s'explique d'abord par l'importance de la dette publique (1), mais aussi par ce fait que le pays doit payer l'intérêt des nombreux capitaux consacrés au développement ou pour mieux dire à la transformation du système d'irrigation (2). Ce ne sera pas une nouveauté, pensons-nous, de rappeler égale-

(1) Voir plus haut.
(2) Voir plus loin.

ment ici que l'administration anglo-égyptienne n'est pas précisément une administration à bon marché. Les gros traitements n'y sont pas rares, et les fonctionnaires y sont extrêmement nombreux. Il serait exagéré d'en faire un grief aux conseillers anglais — les conseilleurs ne sont pas les payeurs ! — victimes de l'ambiance d'un pays où des nuées d'écrivains remplissent les offices publics ou privés, où la théorie du moindre effort fleurit plus que partout en Orient, où l'ordre le plus infime est transmis par quatre ou cinq intermédiaires avant d'arriver à destination, et où il est à peine admis qu'un homme comme il faut se montre à pied ou prenne lui-même son ticket à la gare (1).

Pour en finir avec la question de l'impôt, il importe de mentionner celui qui frappe le dattier. C'est un impôt de superposition. Il frappe l'arbre « *outre* l'impôt perçu sur la terre où l'arbre est planté » (ordonnance de 1873). Cet

(1) Afin qu'on ne nous taxe pas d'exagération, nous croyons devoir citer textuellement les lignes suivantes, où perce l'humour britannique, du dernier rapport de lord Cromer. « J'ai parlé fréquemment, dans des occasions précédentes, de la tendance qui se trouve chez certains fonctionnaires de l'Etat en Egypte, de multiplier les correspondances inutiles. Or j'ai sous les yeux un exemple typique de l'abus dont il s'agit. C'est un dossier officiel de 31 pages toutes dactylographiées. La première pièce porte la date du 26 février 1905 et est la traduction d'un titre de propriété arabe, duquel il semble résulter que « le sage Mohamed Osman Ali-el-Zaker, de Benian, province d'Assouan, a acheté de son neveu, pour la somme de 195 fr., la moitié d'un âne ». Il parait que des doutes avaient surgi sur le point de savoir si l'âne avait été réellement acheté, ou volé. La dessus 73 notes officielles sont échangées entre des fonctionnaires résidant à Dangola, au Caire, et ailleurs. La dernière de ces notes porte la date du 11 novembre 1906, et la question de la propriété de l'âne demeurait, semble-t-il, encore en suspens au bout de 21 mois ».

« Je veux espérer que les chefs de service feront de leur mieux pour empêcher des manèges de cette sorte ».

impôt est d'environ 0,60 centimes par arbre. Le Conseil législatif en a à plusieurs reprises réclamé la suppression, à bon droit, nous semble-t-il, car il est abusif, au moins sous sa forme actuelle. Les partisans de son abolition font remarquer qu'il n'est pas seulement illégal mais encore fâcheux au point de vue économique, vu qu'il entrave la multiplication d'un arbre des plus utiles à la population agricole. On a remarqué, en effet, que le nombre des dattiers a constamment varié avec le taux de l'impôt, qui n'a pas toujours été le même. L'Égypte, habitât par excellence du palmier-dattier, exporte 200.000 kgrs. de dattes par an, mais en importe 3.500.000 kgrs. C'est là encore une desanomalies de ce pays bizarre ; le régime fiscal doit y être pour quelque chose. Il est certain que la consommation est énorme de cette datte, qui est de qualité inférieure. On l'estime à 42.000.000 de kgrs. par an, ce qui fait près de 4 kgr. par tête d'habitant, en y comprenant les enfants. On estime le revenu d'un arbre à 20 P.T. par an ; l'impôt serait donc ici d'un peu plus du 10ᵉ. Mais il faut ajouter à la production des fruits celle des tiges et du tissu fibreux, dont on se sert pour faire d'excellentes cordes, si bien que M. Georges Legrain croit pouvoir estimer à 17 francs par an le revenu d'un palmier en plein rapport dans l'ancienne plaine de Thèbes, en tous cas, où s'élèvent les ruines de Karnak dont notre compatriote à la garde.

Pendant des années, l'impôt fut perçu Égypte au fur et à mesure des besoins du Gouvernement — ou de ce qui en portait le nom. — Le fellah doit au Contrôle général des Finances de 1880 la régularisation de la perception. Le pays futà cette époque partagé en territoires financiers. On répartit l'impôt en Kirats, c'est-à-dire en vingt-quatrièmes, et on détermina, pour chacune des divisions, le nombre de kirats à percevoir mensuellement. Le collecteur d'impôt porte le nom de *saraf*. Il y en a un dans chaque village important, et c'est lui qui établit, d'accord avec le *Omdeh* ou le *Cheikh-el-beled*, sorte de maire, la liste des contribuables.

Ceci nous amène naturellement à parler de l'administration des campagnes. Constatons, avant d'y arriver, que le fellah supporte, en Égypte, un très lourd impôt, mais que cet impôt est aujourd'hui légal, équitablement réparti, établi *ne varietur*, et régulièrement perçu ; que le fellah doit ce grand bienfait pour la plus grande partie à l'occupation anglaise, et que la tâche de le lui assurer a été plus ardue que partout ailleurs, en raison de la complexité inouïe de la matière, qu'il nous a été seulement donné d'esquisser ici, en raison aussi du degré qu'avait atteint l'arbitraire dans ce pays de l'éternelle exploitation.

L'organisation de la famille et de la propriété fut pendant des siècles, en Égypte, celle des populations *communautaires*, pour emprunter à M. Demolins (1) une expression qui a fait fortune. Au point de vue social, les habitants étaient dispersés par villages quasi-autonomes, composés des diverses familles qui se groupaient autour d'une *eau* commune ; au point de vue politique le pouvoir était simplement superposé à cette agglomération de villages, détenu de tout temps par des étrangers, et manifesté seulement de temps en temps par la levée de l'impôt. Le plus riche ou le plus âgé du village en était le chef naturel ; c'est le *omdeh*, qui choisissait soit auprès de lui, soit dans les hameaux et fermes (*Kafrs*, *nagas*, *ezbehs*) dépendant de lui, un cheikh pour l'assister. Ces noms de omdehs et de cheikhs sont demeurés les mêmes, si leurs attributions ont changé

(1) *Comment la route crée le type social* (Demolins, impr. F. Didot).

de caractère. Après l'occupation, et quinze années durant, les choses restèrent en l'état. L'administration nouvelle n'était en somme qu'une administration de police. La tête de ce corps de police, mi-partie indigène, mi-partie européen — dirigé par des officiers anglais, et fortement constitué, était au Caire. Entre lui et la population rurale, le moudir, ou préfet du département, servait d'intermédiaire, mais l'intervention gouvernementale ne se faisait sentir directement nulle part dans les centres ruraux. En 1895, on opéra un double travail, en vue d'une part de dissocier la police de l'administration proprement dite, d'autre part de décentraliser. Le pays administratif fut donc divisé en 13, puis 15 *moudiriehs* (non compris Alexandrie, le Caire, Suez et Port-Saïd qui sont des gouvernorats) ou départements, administrés par des *moudirs*, et, dans chacune de ces moudiriehs, en 5 ou 6 *markez* ou arrondissements, administrés par un *mamour markez* (1), tous soumis à l'autorité d'un corps d'inspecteurs anglais, au nombre d'une dizaine, qui relèvent directement du Ministre de l'Intérieur (indigène) et de son conseiller (anglais). Les services de police restèrent rattachés au ministre de l'Intérieur, mais avec leur chef, leur corps d'inspecteurs, leurs attributions spéciales, leur budget indépendant.

En même temps un règlement était publié, déterminant les attributions des omdehs et des cheikhs de villages, autrement dit des autorités purement locales, et consacrant pour la première fois le principe de l'intervention limitée du pouvoir central dans leur nomination. L'article 2 du règlement en question décrète, en effet qu'il sera institué près

---

(1) Cette organisation, dont les bases existaient déjà avant l'arrivée des Anglais en Égypte, est évidemment inspirée par l'œuvre de notre Constituante et par le Code Napoléon.

de chaque moudir une commission provinciale chargée de choisir les cheikhs et omdehs sur une liste préparée par la moudirieh, des personnes répondant à ces conditions :

1°) être âgé de 25 ans accomplis,

2°) posséder au moins 10 feddans,

3°) n'avoir subi aucune condamnation,

que cette commission sera composée du moudir, comme président, d'un délégué du Ministère de l'Intérieur, d'un substitut du parquet, et de quatre notables ou omdehs de la province. — et qu'enfin ces élections doivent être validées par le ministère.

L'omdeh devenait, de par l'article 3, seul chef du village et *responsable de sa gestion*, contre quoi, il aurait l'avantage art. 4) d'être dégrevé d'impôt jusqu'à concurrence de 5 feddans sis dans le même village, et (art. 5) d'obtenir pour lui et ses enfants des exemptions de service militaire.

Ce compromis entre l'ancien système autonome et les nécessités d'un Etat moderne organisé paraît avoir abouti à un fiasco complet, si l'on en juge par l'état de désordre et d'insécurité dans lequel sont tombées les campagnes d'Égypte depuis une dizaine d'années, et par les doléances qu'exprime à cet égard chacun des derniers rapports de Lord Cromer. Peut-être a-t-on dès l'abord voulu trop exiger de ces nouveaux agents, forcément inexpérimentés. La lecture du règlement fixant leurs attributions, édifie sur l'étendue des services qu'on attend d'eux. Responsable de la sécurité publique dans son village, ne pouvant l'abandonner plus de 48 heures sans permission, l'omdeh cumule des attributions judiciaires, administratives et financières. Il est à la fois juge de paix et officier de police judiciaire, suivant les cas ; il doit surveiller les campements d'ouvriers et de Bédouins, assurer la correspondance postale, protéger contre les déprédations les réseaux télégraphique et téléphonique et la voie ferrée ; contrôler le port d'armes, l'état sanitaire des animaux et des gens, veiller à la pureté des eaux et des canaux, à la propreté des rues, des mosquées, des bains publics, tenir les registres de l'état civil et de la vaccination. Il est responsable (art. 66) de la sauvegarde des digues et canaux de sa circonscription ; prépare les listes de recensement, arrête les déserteurs, dresse les listes électorales, empêche (art. 97) tout empiétement sur les biens libres de l'Etat, prête son concours pour la rentrée des impôts, exécute les saisies-gageries, dénonce les cultures clandestines de tabac, de hachiche, et la contrebande de sel; il est tenu de faire observer les règlements sur les routes agricoles et la destruction des sauterelles (1), de débrouiller les questions successorales, et de trouver encore du temps pour « signaler (art. 122) les prodigues qui se trouvent dans son village, en indiquant les faits qui constituent des actes de prodigalité ». Or ils sont 3.500, de ces maîtres-Jacques municipaux, les uns pourvus de 20.000 L. E. de revenus par an, les autres trouvant malaisément les 5 feddans de terrain exigibles, à qui l'on demande tout, et qui n'ont jamais

---

(1) Les sauterelles firent leur apparition en Egypte pour la dernière fois en 1904. Le gouvernement prit aussitôt des mesures exceptionnelles. En premier lieu des récompenses furent offertes pour la destruction des œufs, et on estimait en avoir détruit un milliard. En second lieu, devant l'imminence du péril commun, on n'hésita pas à rendre obligatoire le travail de destruction des criquets. 241.528 hommes y furent employés. Aucune plainte ne s'éleva dans la population contre ce retour provisoire à la corvée. Les opérations furent menées avec l'appareil cypriote et les dégâts en fin de compte peu importants, grâce aux mesures prises. Un crédit de 10.000 L.E. avait été ouvert au fond de réserve générale en cette circonstance. Elles ne furent pas dépensées intégralement.

V. aussi l'ouvrage de Boniteau-bey, sur cette question des sauterelles.

rien appris, beaucoup d'entre eux étant même illettrés.

« L'omdeh est responsable de l'application d'une quantité de réglements que souvent il n'est pas à même de bien comprendre, et dont, parfois, il n'arrive pas à reconnaître l'utilité, quand leur application ne suscite pas son mécontentement (1) ». Comment imaginer qu'ils puissent être à hauteur de leur tâche, et lord Cromer n'a-t-il pas raison d'ajouter : « Je crains qu'il ne doive s'écouler un très long temps avant qu'on ne puisse atteindre un degré élevé d'aptitude. »

De plus, comme l'omhel n'est nommé *que pour un an*, sa place est extraordinairement convoitée. Est-ce pour le seul prestige, ou reste-t-il discrètement quelque chose des abus de pouvoir et des sources de profit auxquels elle donna lieu jadis, toujours est-il que l'omdeh se trouve très souvent en butte à toutes espèces d'intrigues de la part de ses ennemis, et que de bons esprits ont vu là une des causes principales du développement de la criminalité au cours de ces dernières années. Le parti adverse n'hésite pas à provoquer un crime dans le village pour amener la destitution de l'omdeh...

On a même tenté une fois de faire dérailler un train dans la Haute-Égypte. « L'enquête a établi que le but des coupables était simplement de susciter des ennuis à un omdeh du voisinage ! Des cas semblables sont loin d'être rares, et à en juger par le nombre des pétitions adressées à l'agence britannique, il semble que presque chaque village en Egypte soit déchiré par les dissensions des partis rivaux, soutenant des candidatures pour le poste d'omdeh. En 1903 898 omdehs étaient accusés de diverses transgressions » (2).

(1) Rapport de lord Cromer en 1904.
(2) Rapport de lord Cromer précité.

On a peine à croire, après avoir esquissé ce tableau, que le budget de la police égyptienne puisse être de 239.535 L.E., plus de 6 millions de francs, et qu'à cette police générale s'ajoute la police spéciale des ghaffirs sur laquelle il importe d'insister ici.

Cette institution des ghaffirs paraîtrait à l'esprit le moins prévenu tout bonnement saugrenue, si l'on ne savait être en Égypte, où il ne faut s'étonner de rien. C'est un corps de gardiens que chaque village entretient à ses frais, et qui est supposé pourvoir à la sécurité du fellah. Ce corps comprend des cheikhs gaffirs, appointés de 100 à 150 P. T. par mois, des wekils-cheikhs (sous-chefs) et des gaffirs, ces derniers respectivement à 75 P. T. et 60 P. T. par mois. Ils sont vêtus d'un ample manteau en poil de chameau de couleur brune avec un haut bonnet troncconique de même tissu. Ils tiennent à la main une forte matraque.

Or, il se trouve que ce pays, qui est croyons-nous le seul à entretenir une police de cette nature, est aussi l'un de ceux ou la criminalité est le plus développée dans les campagnes. La raison en est que ces gardiens ne gardent rien qu'eux-mêmes, quoique le règlement de 1896, leur ait minutieusement indiqué leurs devoirs, et ait fait d'eux l'auxiliaire quasi indispensable du Omdeh, et malgré qu'on leur ait adjoint depuis deux ans un corps de veilleurs de nuit pour leur permettre de prendre du repos. Et si l'on ne peut affirmer (comme paraissait le laisser entendre M. Machell, conseiller à l'Intérieur, dans sa communication en annexe au rapport de lord Cromer de 1904) « que pour une faible rémunération ils soient prêts à profiter constamment des facilités que leur procure leur qualité d'hommes armés pour commettre, à l'instigation de quelque personne riche, les crimes mêmes qu'ils étaient payés pour prévenir » l'éventualité à pu toutefois être envisagée « qu'au lieu de constituer une garantie, ils devinssent une menace sérieuse pour la sécurité publique ». En tous cas, ne sont-ils pas loin d'être considérés comme une « armée de vagabonds » inutiles, et parfois dangereux — ce qui est réellement du plus haut comique. « Si d'une manière générale le ghaffir s'occupait moins de sa sécurité personnelle et plus de la répression du crime, nous n'aurions pas trop à nous en plaindre » ajoute mélancoliquement M. Machell, « mais il ne paraît viser d'abord qu'à éviter le danger qui le menace, et ne songer que d'une manière accessoire à l'accomplissement de son devoir... heureusement que les agresseurs sont à peine moins poltrons que les ghaffirs.

« Je n'apprendrai rien à personne », écrit de son côté Piot-Bey (1) « en disant que les ghaffirs, dix fois, vingt fois plus nombreux que nos garde-champêtres européens, sont pour la plupart des affiliés des bandes de voleurs, ou tout au moins des indicateurs. Comment en serait-il autrement ? Le fellah ne possède encore ni la conscience de sa personnalité, ni l'élévation du caractère, ni le sentiment de l'honneur, ni le respect de la foi jurée, ni l'idée de la solidarité qui sont la base de toute société civilisée et sans lesquels la justice répressive reste une expression vide de sens. »

Cette plaisanterie coûte chaque année à l'Égypte, sous forme de taxe locale perçue chez l'habitant, la bagatelle de 474.000 L. E. (chiffre de 1906), et à l'Etat, qui a augmenté progressivement le montant de sa subvention ces dernières années, en présence de l'insécurité croissante des

(1) Une plaie de l'Egypte actuelle (Extrait du *Bulletin de l'Institut Egyptien*).

campagnes, le denier de 75.000 L. E. — en tout plus de
14.300.000 francs. Or la chose paraît là-bas si naturelle,
que Mr Hornblower, inspecteur au Ministère de l'Intérieur,
avec qui nous nous en entretenions, fut très surpris d'apprendre que pareille institution ne fonctionnait pas en
Tunisie, et qu'elle y fût inutile. Le Cheikh-Ali-Yousef, un
des esprits éclairés de l'Égypte moderne, directeur du
journal arabe *El Moayed*, s'est montré plus averti et se con-
tenta d'en sourire. « C'est », nous dit-il, « le dernier vestige
d'un régime de terreur, c'est un héritage de ces longues
époques troublées où le fellah vécut dans l'angoisse de se
voir à chaque instant saisir son bien par le maître ou par
le voisin, mais la routine est telle chez ce fellah qu'il faudra longtemps encore avant de pouvoir déraciner une cou-
tume à la fois ridicule et funeste, et unique en pays d'Islam
comme d'ailleurs dans tous les pays. »

La police rurale proprement dite, absolument distincte
du corps des ghaffirs, n'est qu'une fraction de la police générale égyptienne. Ce service de la police est un de ceux
qui ont été le plus anglicisés, les Anglais ayant sans doute
voulu ne pas rester en Egypte au-dessous de la réputation
qu'ils se sont acquise dans la métropole en cette matière.
Une école de police a été instituée en 1891 par lord Kit-
chener. Son directeur est toujours un anglais, actuellement
Mr Elgood, mais l'instruction y est donnée entièrement en
arabe. Le commandant en chef de toutes ces forces de police est bien entendu un officier anglais. La surveillance
exercée par les inspecteurs de police Anglais est très active,
et l'organisation est excellente dans les villes, d'après ce
qu'il nous a été donné de constater au Caire, en tous cas.
Il paraît en revanche qu'il en est tout autrement dans les
campagnes. Les rapports officiels eux-mêmes en font foi.
« Il ne faut pas se décourager à cet égard, non plus qu'à

d'autres en Égypte », écrit lord Cromer, « mais il convient de ne pas trop compter sur un résultat brillant dans le sens de l'amélioration rapide de cette branche du service public... Pour la moralité et le caractère en général, l'agent égyptien ne saurait avoir un idéal supérieur à celui de la société à laquelle il appartient. » (1)

Les lignes qui précèdent ont, pensons-nous, suffisamment laissé pressentir que la question de l'insécurité des campagnes n'est pas seulement à l'ordre du jour en Tunisie, où, comparativement à l'Egypte, en tous cas, il est permis de dire qu'elle n'existe pas. « Vols de récoltes, de bestiaux, d'instruments mécaniques et aratoires, incendies, dévastations de récoltes sur pied ou sur aire, abattage ou mutilation des arbres, blessures ou empoisonnement du bétail, en passant même sous silence les attaques contre les personnes, voies de fait, assassinats, empoisonnements, constituent réellement une plaie de l'Egypte moderne, plaie sociale dont l'extension est énorme. » (2) Jusqu'à ces dernières années, le pays était même littéralement infesté de bandes de brigands organisées. Cette forme de danger public a heureusement à peu près disparu, sans doute à la suite du décret du 14 février 1904, qui modifia le Code pénal, augmentant sensiblement le maximum des peines, punissant la simple tentative, qualifiant de crimes et punissant comme tels les infractions commises pendant la nuit, considérées auparavant comme délits. En revanche les crimes individuels ne cessent de progresser.

```
3201 crimes en   1906 contre 3.011 en 1905
392 tentatives de meurtre   —      344      —
497 vols qualifiés   —       —       441      —
521 cas d'incendie volontaire        440      —
```

(1) Rapp. de 1904 précité.
(2) Piot-Bey. loc. cit.

En 1901, pour la seule province de Menoufieh, on relevait 440 attentats criminels (vols, blessures, empoisonnements) sur le bétail. Or, il importe de remarquer que le fanatisme n'y entre pour rien. Ces crimes ne sont presque jamais perpétrés, ces vols commis, à l'encontre d'européens, non plus que par des européens, pour la bonne raison que ces derniers ne résident qu'exceptionnellement à la campagne. Auteurs et victimes sont tous des indigènes. On s'épuise dès lors en vain à chercher les motifs qui provoquent cette multiplication de la criminalité générale. D'aucuns y voient une conséquence du mode de recrutement des cheikhs et des omdehs, que nous avons décrits plus haut; d'autres accusent le parti nationaliste, dont les réclamations et déclamations produiraient le plus fâcheux effet dans les masses rurales encore si ignorantes; plusieurs enfin, si paradoxal que cela puisse paraître, n'accusent que le développement de la richesse générale. Lord Cromer est du nombre : « Pour ceux qui n'ont eu à s'occuper que des statistiques criminelles des pays de l'Europe, il pourra sembler un paradoxe insigne d'alléguer que la multiplication des crimes est dûe, dans une certaine mesure, à l'accroissement de la prospérité, et que la coïncidence des deux mouvements — généralement considérés comme divergents — n'est point un simple accident du hasard. Si étrange que cela puisse paraître, il y a des raisons suffisantes pour soutenir que cette conclusion est exacte. En outre, l'étrangeté disparaît dès qu'on a admis qu'un très grand nombre des crimes commis en Egypte ne sont pas dûs aux sollicitations du besoin et de la pauvreté, ni aux instincts criminels des coupables, mais à un désir de vengeance personnelle à l'encontre d'un individu ou de plusieurs... L'individu qui n'a pas réussi à acquérir un morceau de terrain, ou à atteindre un but qui lui tenait au cœur, envie le parent ou l'ami qui a été plus heureux que lui. Il éprouve à son égard de la rancune, et comme il sait que sous le régime des institutions existantes, il ne pourra être puni que si sa culpabilité est prouvée, et que cette preuve est toujours difficile à faire, ses instincts pervers et son esprit indiscipliné ont tôt fait de lui suggérer des pensées de vengeance ». Cette manière de voir du ministre d'Angleterre se trouve corroborée du fait des nombreuses atteintes portées journellement à la propriété privée et du peu de valeur de chacune d'elles. En réalité, c'est une désorganisation foncière d'un bout à l'autre de l'Egypte, dont les habitants, divisés les uns contre les autres, en vendettas sans fin, passent leur temps à se brûler leurs récoltes (1), à s'empoisonner leurs bêtes (2), à se dénoncer les uns les autres, et à se tuer à l'occasion (3). En 1906, le procureur général s'applaudissait de ne relever *que 16.579 cas* de vol simple. Cette même année, le 15 janvier, M. Machell pu-

(1) En 1905 — 116 Sakiehs incendiées évaluées à 3 L. E. chacune.
       74 piles de bois de chauffage (cotonnier sans doute) à 50 P. T. chacune.
       28 incendies de récoltes sur pied à 6 L. E.
       94 incendies de boutiques (contre 36 seulement l'année précédente).
(2) Au moyen le plus souvent de l'acide arsénieux (zaruck-ou rahag abied), sans doute parce qu'il est le plus vénéneux, et se dissout facilement, parfois avec les graines de datura, ou le sublimé (Piot-Bey, *loc. cit.*)
(3) Ici c'est un propriétaire auquel on a volé son bétail qui se voit obligé de transiger avec les voleurs, toujours notoirement connus, sur la moitié ou les trois quarts de la valeur des animaux (c'est la *bechara* tunisienne); là un notable est menacé de vol, d'assassinat, d'incendie de sa maison ou de ses récoltes, d'empoisonnement de ses animaux, s'il ne remet pas une certaine somme dans un endroit désigné; en cas de refus, l'exécution suit de très près, et sans rémission.

4

bliait son rapport sur cette question de la criminalité, auquel nous avons déjà fait des emprunts. Ce rapport est assez bref, mais tellement caractéristique qu'on a cru devoir le reproduire ci-après *in extenso*.

MÉMOIRE

La prospérité extraordinaire des fellahs a aiguisé leur appétit et créé en eux l'amour du lucre. Ceci engendre l'envie, la malice, la haine : la multiplication récente des crimes en Égypte se rapporte directement à ces causes.

L'arrachage et l'incendie de récoltes ; l'incendie de sakias ; l'empoisonnement de bestiaux sont chose commune ; un grand nombre de cas qui figurent comme crimes et délits se rapportent à des querelles personnelles motivées par l'eau, les récoltes, les terrains, et auxquelles le plaignant a cherché à prêter une couleur criminelle dans le but d'accroître l'importance de son affaire, et de se soustraire aux frais de l'action civile. Un grand nombre de tentatives de meurtre représentent le cas d'individus sur lesquels on a tiré pendant qu'ils volaient ou qu'ils détruisaient des récoltes, et qui inventent une histoire pour fournir l'explication du fait. Ces individus là préfèrent naturellement demeurer inconnus, et, en l'absence de témoins des deux côtés, il est difficile d'avoir des preuves. Bon nombre encore de tentatives de meurtres ne sont que de simples accidents. Dans les noces, on fait communément partir des fusils chargés, et si quelqu'un est d'aventure atteint, c'est toute une histoire de brigandage qu'on improvise pour le procès-verbal. Dernièrement, un Bédouin, visant un chacal, atteignait un hôte endormi ; il n'en fallut pas davantage pour tisser une histoire, imputer le fait à des malfaiteurs. Un Cheikh de Gaffirs, faisant sa ronde avec une patrouille, rencontra un de ses propres hommes qu'il prit pour un malfaiteur, et sur lequel il tira à bout portant. On en fit une grosse aventure de brigandage qui ne fut jamais démentie.

Un de mes inspecteur attribue 70 o/o de ces crimes à des querelles causées par les femmes, l'eau, les terrains, et il est d'avis que 10 o/o au moins sont le résultat d'accidents. Parfois on tire sur des individus de peu d'importance pour causer des ennuis à l'omdeh. Tout ceci montre combien il importe d'aller plus loin que la surface, afin d'apprendre ce que ne révéleront jamais les statistiques.

La rancune, ainsi que je l'ai souvent répété, joue de beaucoup le rôle le plus important parmi les causes déterminantes du crime, et je crains que ce sentiment ne soit, en général, le plus fort de tous dans le cœur du fellah. Ces gens-là ont encore besoin d'apprendre que l'intérêt de chacun d'eux consiste à coopérer sincèrement avec l'administration dans la répression des actes criminels, et non à se servir des moyens que leur offre la loi pour assouvir leurs désirs personnels de vengeance, en demeurant indifférents au bien public. Une querelle qui vient à éclater dans un village entre des familles est une cause sûre de crime, et à moins de pouvoir trouver un omdeh qui consente à se charger de l'ordre, la répression devient impossible.

Le Bédouin semi-nomade de la Béhéra et de certaines autres provinces est une source d'inquiétudes très vives pour le fellah. Il ne fait que vanter sa bravoure, jusqu'à ce qu'il trouve une proie facile dans le timide fellah qui n'a aucune confiance en lui-même et ne sait jamais, comme le Bédouin, se solidariser avec ses camarades.

Un grand nombre de crimes, sont de ceux qu'on appelle en français « crimes passionnels ». Le meurtre ici devient commun, et la vie humaine n'a plus de valeur.

Dans la ville de Dessouk, un ghaffir faisait dernièrement feu sur son cheikh, parce que celui-ci avait insisté pour qu'il ne dormît point. Le cheik l'avait réveillé par deux fois, et comme il arrivait une troisième fois, le ghaffir délibérément fit feu sur lui.

Ailleurs un petit garçon avait refusé de donner du doura à des Bédouins ; ceux-ci avancent pour le battre. Des fellahs viennent à la rescousse, l'un d'eux tombe atteint de la balle d'un bédouin qui déclare ensuite que le coup était parti accidentellement. Parmi les Bédouins, il est contraire aux bons usages, que des gens qu'un différend sépare, se rencontrent armés. Cette règle ayant été enfreinte en deux occasions récentes, il s'en est suivi une fois un homicide, et une autre fois une grande dispute. Il y a quelques jours à Embabeh, un homme demande à une femme de lui donner quelques radis de son champ. Elle refuse ; une dispute survient, à laquelle prend part le père de la femme. Un voisin essaie de les séparer. L'homme qui était la cause primitive de la querelle se retourne sur lui et reçoit un coup de nabout qui l'étend raide mort.

Les querelles de famille sont une source féconde de crimes. En voici un exemple curieux : Le neveu d'un omdeh, qui était en même temps son gendre, s'étant porté à des voies de fait sur un autre frère de l'omdeh, avait été mis en prison. A sa sortie, il arrangea un truc démontrant que ses bestiaux lui avaient été enlevés par des moyens violents et il accusa les gens de son oncle d'être les auteurs de ce « vol qualifié ». Les bestiaux avaient été éloignés et mis en lieu sûr avant que la prétendue attaque n'eût été commise. Il fit rouer de coups son propre ghaffir pour enrichir son bagage de preuves devant le tribunal. Malheureusement, les coups furent trop rudes et le ghaffir mourut. Ceci gâta toute l'affaire. Il fallut tuer les bestiaux et les enfouir. Tout le monde apprit le fait, et la chose dut aller devant le tribunal, naturellement sans aucun résultat.

Un second mariage du père est quelquefois cause de meurtre de la part des fils, avec ou sans la complicité de la mère. On a vu des cas où des enfants étaient massacrés, uniquement pour faire souffrir les parents. Il y a quelques jours à peine, un petit garçon était étranglé par sa grand' mère et jeté dans une fosse d'aisance, par haine de la mère avec laquelle elle s'était prise de querelle. La culpabilité est très difficile à établir dans tous les cas semblables. Le sentiment de la famille est qu'il suffit d'en avoir perdu un, et que « les vivants valent plus que les morts ». Le même sentiment se révèle plus fort encore dans les crimes qui se rattachent à l'honneur des femmes, on considère alors que le fait, pour la famille, de se substituer à la loi, est non seulement excusable, mais parfaitement juste.

Les délais interminables qui accompagnent les actions civiles sont la cause d'un grand nombre d'assassinats et de sérieuses agressions — surtout en Haute-Egypte — dans les dissensions pour les questions de propriété. Ces procès sont souvent renvoyés d'audience en audience, et les parties se voient quelquefois convoquées pendant toute une année sans résultat. L'époque des semailles arrive. Chacune d'elle est convaincue de son droit, et elles en viennent au mains pour l'affirmer.

Ce que l'on entend en Angleterre par « crime professionnel » est relativement rare, et beaucoup plus facile à réprimer. Les brigands qui terrorisaient autrefois la contrée ont disparu. Il existe cependant encore des voleurs de bestiaux — bien connus du reste — qui mettant à profit la couardise de leurs compatriotes, leur font ouvertement payer la rançon des vols qu'ils commettent à leur détriment. Les petits vols avec effraction sont, d'autre part, faciles à commettre. La plupart des gens gardent chez eux leur argent et leurs objets de valeur, et je m'étonne toujours que le nombre de ces vols ne soit pas plus grand.

La répugnance des victimes à faire leurs dépositions est encore très marquée. La crainte d'une vengeance et le peu de confiance qu'on a dans les tribunaux, sont cause de ce fait, que les malfaiteurs savent mettre à profit. Bien que les cours d'assises, établies dans la Basse-Égypte, tendent à améliorer cet état de choses, il est malheureux que les vols, qui constituent des délits, demeurent justiciables des tribunaux de première instance et de la cour d'appel. Il y a toujours abondance de témoins à décharge, mais les victimes elles-mêmes conspirent souvent à l'effet de neutraliser les poursuites. En voici un exemple intéressant.

Quelques bestiaux appartenant à un riche propriétaire, avaient été volés dans sa ferme. Enquêtes et recherches furent vaines, et le propriétaire, au cours des visites périodiques qu'il me faisait, se plaignait amèrement du déréglement régnant et de l'impuissance de l'administration.

Cependant, durant toute cette période, lui et son fils négociaient activement, au moyen d'un intermédiaire, la restitution des bêtes, si bien qu'aussitôt que le prix demandé fut versé, elles rentrèrent toutes. Le Mamour s'aperçut que la chose n'avait pu se terminer qu'au moyen d'un arrangement à l'amiable, et il en fit des reproches au fils. Celui-ci répondit par des dénégations indignées. Finalement le père et le fils furent bien obligés de l'admettre; mais ils refusèrent absolument de révéler le nom de l'intermédiaire. Quoique la police finît par le découvrir et qu'elle reconnût également les voleurs, il fut impossible d'intenter des poursuites, devant l'opposition très vive de ceux mêmes qui, dans d'autres pays, auraient déposé, les premiers, leur plainte.

Il y a une très grande différence entre le caractère des gens de la Haute et de la Basse-Égypte. A Assiout et à Girga, quand un homme se brouille avec un autre, il cherche à l'attaquer sur place, avec quelque arme qu'il porte sur lui. La nature des « saïdis » ressemble à celle des volcans. Ils éclatent au moment où l'on s'y attend le moins, sans égard aux conséquences possibles. Dans la Basse-Égypte, l'assassinat, l'attaque violente font place à la destruction des récoltes et de sakias, ou à l'empoisonnement de bestiaux. Dans les cas sérieux, on attire dans une embûche l'adversaire, qui tombe sous le coup d'assassins gagés, toujours prêts à toutes les tentatives quand elles sont bien rétribuées.

J'ai sous les yeux plusieurs cas d'assassinats commis dans la Haute-Égypte, qui montrent, de la part des criminels, un inconscient dédain de la vie des autres et des conséquences du crime pour eux-mêmes. Des cas de meurtre signalés cette année à Assiout, 37 ont été inspirés par la vengeance, 20 se sont produits au cours de luttes et de bagarres, 22 ont été la conséquence d'attaques violentes, 4 celle d'empoisonnements ; plus 9 voleurs tués en flagrant délit de vol, 1 corps trouvé dans le fleuve, 3 corps de nouveau-nés, 3 manquants.

Certaines personnes enfin ont cru pouvoir faire remonter à la complexité exagérée de l'appareil judiciaire et à l'introduction prématurée de nos conceptions juridiques européennes, la responsabilité d'un état de choses aussi lamentable. Il est certain que les juridictions sont nombreuses, variées, et chevauchant souvent l'une sur l'autre en Égypte ; il est non moins certain que là, comme dans les autres pays de l'Afrique du Nord, il est difficile de faire entrer dans la tête de l'indigène nos notions de la valeur

du témoignage, de l'incorruptibilité du juge et de la séparation des pouvoirs, et qu'il en sera sans doute encore
longtemps ainsi. Quoi qu'il en soit, cette multiplication
des crimes dans la campagne ne laisse pas que de devenir
inquiétante. Elle constitue, de l'aveu de lord Cromer, « le
point le moins satisfaisant de la situation en Egypte ».
C'est ce qui explique — entre autres raisons — que nous
y ayons insisté un peu longuement.

Voici d'ailleurs, à titre de documentation, et bien que
la question se rattache moins directement à l'objet de cette
étude, le schéma de cette organisation judiciaire que les uns
accusent d'être insuffisante, et les autres trop compliquée.

Le pays renferme sept tribunaux de première instance
ou tribunaux de centre ; dans chacune de ces circonscriptions, une moyenne de sept ou huit tribunaux sommaires ;
dans chaque tribunal sommaire, une moyenne de trois tribunaux de markez, ces derniers institués il y a trois ans
seulement, pour accélérer le fonctionnement de la justice.
Les *poursuites* devant ces tribunaux sont faites entièrement
par la police, sans intervention du parquet. Une cour d'appel, une cour d'assises, et cette organisation, inspirée de
la justice française et du Code Napoléon, répétée au civil
et au criminel.

A côté et tout à fait en dehors de cette juridiction à l'européenne, qui est composée encore en partie de magistrats
européens de toutes nationalités, la juridiction *Charieh* ;
on dirait en Tunisie la *Chaâra*, constituée par les tribunaux des *Mekhémets*.

1° Mekhémets de district (Markez) avec un cadi unique,
assisté d'un mazoum (1);

(1) Le mazoum est le délégué du cadi qui dresse les actes de
mariage, de caractère religieux. Les actes de naissance et de dé-

2° Les mekhémets de moudiriehs ou de gouvernorats (avec un cadi et deux membres, dont le mufti) ;

3° Le mekhémet suprême du Caire (avec le grand Cadi et quatre membres).

Ces circonscriptions correspondent exactement aux divisions administratives, à la différence des précédentes.

Les meckémets de district connaissent des questions de mariage, trousseau, dot, garde d'enfant, déplacement de la mère répudiée, réconciliation des époux, répudiation, divorce, pension alimentaire. Les mekhémets de Moudirieh jugent en appel les affaires déjà évoquées devant les tribunaux de Markez, en même temps qu'ils sont compétents d'une façon générale pour tout ce qui concerne le statut personnel des indigènes musulmans. Le mekhémet du Caire est naturellement le recours suprême. La procédure se rapproche de celle du Chaâra tunisien. A noter toutefois, au point de vue de la compétence, que les affaires immobilières *ne sont pas* évoquées devant ce tribunal, non plus que devant un tribunal analogue au tribunal mixte tunisien, puisqu'il n'y a pas de loi foncière d'immatriculation. Ces litiges relèvent des tribunaux de droit commun, cités en premier lieu.

Il est enfin de nombreuses juridictions spéciales. Au seul point de vue qui nous occupe ici, celui de la vie des campagnes, en voici la liste : juridictions spéciales des routes, des sauterelles, des digues et des canaux, de la crue du Nil et des omdehs. Ainsi c'est le moudir (préfet) qui est juge des infractions aux dispositions du décret concernant les contraventions sur les routes agricoles (1). Il inflige

cès sont dressés administrativement et obligatoirement par les omdehs (v. pl. loin. chap. III).

(1) Ce ne sont pas des routes à proprement parler, empierrées

l'amende sur un simple rapport de l'ingénieur en chef de
la province, basé sur un autre rapport signé de l'ingénieur
du district et de l'omdeh ou de l'un des cheikhs du village
dans le ressort duquel la contravention a été commise. La
décision du moudir, en cette matière, n'est susceptible
d'aucun recours. — Pour le cas où des individus refuse-
raient leur concours aux réquisitions pour la destruction
des sauterelles, ou empêcheraient quelqu'un d'autre de
prêter son concours, une commission composée du moudir,
de l'ingénieur en chef et de deux membres du Conseil
provincial statue avec pleins pouvoirs, sans opposition ni
appel, et peut condamner à un emprisonnement de dix à
trente jours, ou à une amende de 20 à 200 P. T. — La
procédure est la même, ou à peu de chose près, en ce qui
concerne les digues et canaux, lesquels doivent être
l'objet d'une surveillance constante, à l'époque de la crue
du Nil. Ici, l'emprisonnement peut aller jusqu'à trois mois
et l'amende jusqu'à 1.000 P. T. — Enfin les omdehs, spécialement délégués à cet effet par le ministre de la Justice,
sur la proposition du ministre de l'Intérieur, connaissent
des contestations personnelles et mobilières dont le montant ne dépasse pas 100 P. T. entre habitants d'un même
village ou de différents villages placés sous la juridiction
d'un même omdeh. Les omdehs sont toujours incompétents
en matière immobilière ; incompétents en matière mobi-
lière, quand la somme réclamée n'est qu'une partie ou
le solde d'une créance qui excède leur compétence. Ils
doivent s'inspirer, disent les textes réglementant ces attri-
tions spéciales, « des principes des codes indigènes et
des règles de l'équité ». Ils peuvent citer verbalement des

et tracées, c'est une simple mise en état de viabilité relative des
digues et levées de terre. (V. pl. loin).

témoins, faire des descentes sur les lieux, et des sortes d'expertises, en prenant sur place les avis de personnes compétentes. Leurs jugements sont transcrits sur un registre spécial signé par eux. Il est porté par un ghaffir à la connaissance des intéressés. L'exécution en est confiée aux cheikhs, sous leur responsabilité. Procédure et exécution sont gratuites. Les peines que peuvent infliger les omdehs sont une amende de 15 P. T., ou un emprisonnement de vingt-quatre heures. Ils sont contrôlés et surveillés par les mamour-markez (sous-préfets).

Il peut ne pas être sans intérêt de signaler en terminant le rapide exposé de cette matière, qu'une loi, promulguée il y a trois ans seulement, a donné au juge, lorsqu'il se trouve en présence d'un jeune délinquant, la faculté soit de le faire emprisonner, soit de le confier sous certaines conditions à ses parents ou tuteurs, soit, s'il s'agit d'un garçon, de le condamner à subir la peine du fouet ou à être enfermé dans une maison de correction pour une durée de deux à cinq ans. De plus, au Caire et à Alexandrie, fonctionnent aujourd'hui des tribunaux d'enfant, qui s'inspirent du système adopté aux Etats-Unis et dans certaines colonies anglaises, et sur lequel un de nos compatriotes, M. Edouard Julhiet, attirait naguère l'attention de la presse et du monde judiciaire français.

L'état de désordre, la recrudescence des crimes dans les campagnes sont, malgré cette savante armature, devenus tels en Egypte depuis quelques années, qu'il est certaines personnes pour proposer d'en revenir, en désespoir de cause, aux châtiments corporels, qui donnèrent au cours du dernier siècle, de si excellents résultats dans le pays de la courbache... Piot-Bey inclinerait pour cette sanction brutale, en la limitant, dit-il, à certaines catégories de criminels ou de délinquants. Mais en même temps — en ce qui concerne plus spécialement les attentats à la petite propriété rurale, — il propose, ou plutôt proposait, ces lignes remontant à une douzaine d'années, « l'assurance obligatoire générale du bétail, organisée par l'Etat et gérée par ses agents. Non seulement » ajoutait-il en substance, « cette institution rendrait au fellah le réel service de lui apprendre à se préoccuper du lendemain, mais encore, elle arriverait certainement à développer chez lui des sentiments de solidarité qui seraient le germe fécond de sa régénération morale, et l'on pourrait peut-être ainsi parer à l'*extrême gravité* du mal dont souffre, sans le crier très haut, l'agriculture égyptienne. »

Ces sages paroles n'ont pas eu d'écho. L'assurance du bétail, d'Etat ou privée, mutuelle ou autre, ne fonctionne pas encore en Égypte, non plus qu'aucun organisme de défense des intérêts des cultivateurs ; syndicats, coopératives, caisses rurales, sociétés de prévoyance n'existent même pas à l'état embryonnaire, et il est à peine utile de mentionner les caisses d'épargne postales : sur 29.151 déposants au 31 décembre 1904, 235 seulement étaient inscrits comme cultivateurs.

Mais des institutions de banque, établies sur un mode spécial, en tiennent lieu jusqu'à un certain point. Elles ont depuis dix ans surtout, apporté une aide précieuse au fellah, rongé jusque-là par l'usurier grec, copte ou syrien. C'est d'abord, et par ordre de fondation, le Crédit Foncier, puis la Land and Mortgage Company of Ægypt, la Caisse hypothécaire d'Egypte, la Land Bank, fondées respectivement en 1879, 1881, 1903 et 1905. Ce sont des banques exclusivement foncières et prêtant sur hypothèque, en général jusqu'à 60 o/o de la valeur du gage. (Ce sont les greffes des tribunaux mixtes qui relèvent les inscriptions hypothécaires et tiennent lieu en Égypte de bureau de conservation des hypothèques). Mais la clientèle de ces établissements n'est qu'exceptionnellement le fellah, dont nous nous occupons ici. Car nous notons qu'en 1906, le montant des prêts consentis par ces quatre banques était de 16 millions de livres égyptiennes en chiffres ronds, avec une moyenne de 2.820 L. E. par prêt. L'*Agricultural Bank* a un tout autre caractère. Le chiffre de 5.571.000 L. E. de prêts, pour 1906, avec une moyenne de 34 L. E. par prêt, le dit tout de suite. Son objet est ainsi défini par l'article 4 de ses statuts.

« L'Agricultural Bank of Egypt » a pour *seul* objet de faire des avances aux petits cultivateurs dans les conditions suivantes :

1. Des avances ne dépassant pas chacune la somme de 500 L. E. et recouvrables en vingt années au plus. Ces avances sont garanties par première hypothèque sur des terres d'une valeur au moins double du montant de l'avance.

2. Des avances ne dépassant pas chacune la somme de 20 L. E. et recouvrables en 15 mois au plus.

Le taux de l'intérêt ne devra pas dépasser 9 o/o par an, et, dans tous les cas, le taux conventionnel maximum fixé par la loi (1).

Le recouvrement des prêts, en principal et en accessoire, sera fait par l'entremise des sarrafs (percepteurs) de village, qui recevront de la société une commission de 1/2 o/o sur toute somme recouvrée. La société versera en outre au ministère des Finances les frais du personnel spécialement employé pour le service des prêts.

(1) Le taux conventionnel maximum en Égypte était alors de 9 o/o. Ce taux a été réduit à 8 o/o en 1906, lors de l'augmentation du capital social. L'intérêt est de 7 o/o en matière commerciale, de 5 o/o en matière civile.

Ce dernier paragraphe indique ce qui fait l'originalité de l'Agricultural Bank et comment, en une certaine manière elle est une institution d'Etat. Le gouvernement prête en réalité le concours de ses agents à la société pour le recouvrement des intérêts qui lui sont dus; la société n'a qu'à faire parvenir au ministère des Finances des bordereaux nominatifs mentionnant les échéances, et les sarrafs enregistrent la somme due par chaque cultivateur sur son *wird* respectif (le wird est le document officiel remis à chaque propriétaire et portant le relevé des diverses quoteparts de l'impôt foncier ; acquitté par le sarraf, il est conservé par le cultivateur comme décharge de ses contributions). Mais ce n'est pas tout. La banque a reçu de l'Etat un véritable *privilège* : l'emprunteur doit rembourser la banque *avant* de payer l'*impôt*, et les percepteurs euxmêmes (sarrafs) sont tenus d'imputer au compte de la Banque les premiers versements à eux faits par les fellahs, clients de cette dernière. D'autre part, la Banque a le droit de s'adresser aux percepteurs (qui ont des instructions à l'effet de lui répondre soigneusement et sans délai) pour obtenir un certificat spécifiant la propriété de chaque emprunteur, telle qu'elle figure dans les registres officiels fonciers, ainsi que la non-existence de toute charge éventuelle dont elle pourrait être grevée. Enfin le gouvernement égyptien garantit — troisième avantage — à la société le repaiement des sommes avancées, conformément aux statuts, ainsi qu'un dividende de 3 o/o par an sur lesdites sommes.

« The Agricultural Bank of Ægypt » diffère donc des établissements de crédit foncier ordinaire, mais ne présente pas davantage d'analogie avec les banques coopératives agricoles, caisses rurales (systèmes Raffaisen ou Shultz-Delitsch) fonctionnant dans diverses contrées de l'Europe, ou avec les organismes de crédit agricole créés sur une base coopérative à titre d'essai aux Indes. C'est en réalité une affaire, et une affaire qui paraît excellente quand on lit au bilan que le dividende des actions a été de 9 o/o en 1906, et de 7 1/2 o/o en 1907, malgré la crise financière. Mais cette affaire a été en même temps incontestablement très avantageuse pour la petite culture.

Vers 1895, en présence de l'endettement de cette petite culture entre les mains des usuriers, le gouvernement avait un instant songé à y·remédier par une action plus directe, mais la tendance anglaise n'est pas, comme on sait, aux organismes d'état ni aux améliorations d'un seul coup, et l'on jugea préférable de susciter, puis d'encourager progressivement une entreprise privée. On commença, en en 1896, par une mesure provisoire, consistant pour le gouvernement anglo-égyptien à avancer 10.000 L. E. en petits prêts, et quand il fut établi que l'affaire pourrait payer, on profita de la fondation de la National Bank (en 1898), banque ordinaire à capitaux internationaux, mais surtout anglais, pour charger les membres de son Conseil d'administration de faire faire un pas sérieux à la question. De sorte que l'Agricultural Bank fut à l'origine comme une filiale de la National Bank, avec mission et attributions spéciales, et qu'aujourd'hui encore elle lui est rattachée par certains liens. Le nom de sir Edwin Palmer, ancien conseiller financier, et président du Conseil d'administration de l'Agricultural à ses débuts, mérite d'être retenu, pour l'entente très exacte qu'il eut de ce problème du crédit, capital pour la petite culture égyptienne.

Les opérations de prêts au fellah commencèrent en avril 1899, dans le district de Bilbeis (Haute-Egypte) mais c'est seulement le 17 mai 1902 que fut constituée l'Agricultural sous sa forme actuelle. Les opérations s'étendirent par la suite à tout le territoire. Le capital est actuellement de 10.310.000 livres sterlings. La rapidité d'expansion de l'entreprise apparaît dans le tableau suivant :

Années	Montant des prêts.
1902	695.585
1903	1.649.789
1904	2.434.871
1905	2.864.515
1906	3.466.736
1907	1.526.260

La réduction de 1907 dans le montant des avances, est-il expliqué dans une note qui nous a été aimablement remise par Mr Scott. Dalglish, directeur de l'établissement en question, a été imposée à la banque par la situation défavorable des marchés financiers, qui n'a pas permis l'émission de plus de capital, et ceci à cause de la crise générale.

Voici d'autre part le tableau des sommes recouvrées par l'entremise des sarrafs de villages sur les avances consenties :

Années	Sommes
1899	3.860 L. E.
1900	28.123
1901	146.392
1902	303.344
1903	622.924
1904	889.690
1905	1.301.187
1906	1.569.293
1907	1.631.583

Voici enfin, d'après le rapport de lord Cromer pour 1904, le nombre des prêts à la fin de cette année, avec leur proportionnalité.

De 5o P. T. à 1 L. E.	. . .	1.060 prèts
1 L. E. à 5 —	. . . .	6.776
5 — 20 —	. . . .	9.662
20 — 5o —	. . .	96.234
5o — 100 —	. . . .	13.207
100 — 15o —	. . . .	3.934
15o — 500 —	. . . .	9.334

On remarquera l'énorme proportion relative des prêts de 20 à 5o livres.

Malgré l'Agricultural Bank, l'usure n'a pas totalement disparu de l'Egypte, tant s'en faut. Outre l'ignorance du fellah, encore très grande et sa méfiance à l'égard des institutions européennes, un autre élément, auquel on ne s'attendait guère, concourt à l'entretenir un peu partout. C'est la rapacité de certains grands propriétaires, surtout indigènes. Voici ce que nous disait à ce propos une personnalité des plus honorables, et hautement qualifiée par son expérience des questions agricoles égyptiennes : « Les grands propriétaires terriens ne consacrent pas seulement les fonds qu'ils empruntent sur leurs domaines à les améliorer, mais encore à faire des spéculations financières, et même à prêter de l'argent au fellah. Un propriétaire foncier X... Bey ou Y... Pacha, emprunte au taux de 8 à 9 o/o à un établissement de crédit une somme importante, garantie par hypothèque, sous prétexte de cultiver plus rationnellement. En réalité, il l'emploie à faire de l'usure vis à vis de ses tenanciers. Le résultat est déplorable. Ecrasés par des annuités énormes (ces prêts se font habituellement, au taux de 20 à 30 o/o), les locataires, pour s'acquitter, cultivent sans aucune mesure, négligent les assolements, plantent deux ou trois ans de suite du coton dans les mêmes terres (1). Au bout de cette période X... ou Y...

(1) A signaler, dans cet ordre d'idées, l'exploitation fréquente

5

sont remboursés, mais la terre est usée, et doit passer par
une longue période de cultures non rémunératrices avant
de retrouver sa fécondité... Certains domaines ont perdu
de ce fait les 2/3 de leur valeur... Ne serait-il pas désirable, dans ces conditions, » ajoutait notre interlocuteur,
« que les sociétés de crédit ne consentissent désormais aucun
prêt sans en stipuler l'emploi et sans se réserver un contrôle sévère par l'intermédiaire de sortes d'inspecteurs à
gages ? » Il est certain que les bienfaits d'une telle mesure
seraient ressentis à la fois par l'agriculture, qui serait amé-
liorée, par les banques, dont le gage ne risquerait plus
d'être amoindri, et par le fellah, qui cesserait d'être outra-
geusement spolié.

Il s'agirait maintenant de savoir quel est le montant
global de cette dette hypothécaire contractée par le fellah
égyptien. On conçoit la difficulté d'un pareil calcul. D'une
étude très fouillée mais par trop systématique de M. le docteur Eïd, président du Conseil d'administration de la Caisse
hypothécaire, il résulterait que 154.729 propriétaires, possédant environ 1 feddan 1/4, auraient emprunté aux banques une somme totale de 4.656.102 L. E., soit 30 L. E.
par tête en moyenne, et en chiffres ronds. M. Eïd en
conclut que « la moyenne du feddan 1/4 de cette catégorie
de fellahs valant 83 L. E. 85, une marge importante reste
ouverte au crédit ». Mais il ajoute loyalement que ces cal-
culs par moyenne, qui ne tiennent pas compte des emprunts contractés en dehors des banques, ne sont qu'ap-

du fellah par les petits minotiers locaux, indigènes, ou par les
propriétaires d'usine d'égrenage de coton, qui sont les intermédiaires nécessaires entre la petite culture et l'exportation européenne, et tiennent le petit cultivateur sous leur dépendance
par des avances ou prêts sur récoltes à des intérêts usuraires
(A. Métin, *La transformation de l'Égypte*).

proximatifs (1). Et des faits du genre de ceux que nous avons signalés tout à l'heure ne sont pas pour lui donner un démenti. Mais il y a plus. Ce qui nous paraît constituer un assez grave danger pour l'Égypte, c'est que la plus grande partie des capitaux empruntés par ces petits propriétaires fonciers, d'après les divers renseignements qu'il nous a été donné de recueillir, ne sont pas, eux non plus, employés à l'amélioration du fonds servant de gage, construction de bâtiments d'exploitation, achat de matériel, installation de pompes, constitution d'un cheptel, emploi d'engrais chimiques, aménagement des eaux et des routes, création de plantations, comme il devrait toujours être en bonne économie rurale, mais à l'arrondissement du lopin de terre par l'acquisition de parcelles voisines. Si bien que tous ces prêts hypothécaires sont en réalité comme des sortes d'achats à termes, pour lesquels l'emprunteur épuise hâtivement son sol, sans qu'intervienne, bien entendu, jamais aucun amortissement, et que ce grand mouvement vers la petite propriété paysanne, qu'il nous avait paru intéressant de signaler plus haut, pourrait bien n'être qu'un leurre, à serrer les choses de très près. Le moins que l'on puisse dire est ceci : Le fellah accède aujourd'hui à la propriété, mais il ne la conquiert que grevée de lourdes charges. Il n'a pas hésité cependant, depuis 8 ou 10 ans qu'il en a le droit et les moyens, à la conquérir à tout prix, ne sachant pas, dans sa naïveté, à quoi il s'engageait, persuadé que les cours du coton continueraient de monter, et la terre de produire du coton indéfiniment ; les gros propriétaires du pays, d'autre part, les gens d'affaires, l'Etat lui-même, qui trouvaient

(1) Le docteur Eïd estime la dette hypothécaire privée de l'Égypte à 1 milliard et la valeur de l'Égypte rurale à 12 milliards de francs. Nous donnons ces chiffres sous toutes réserves.

leur compte à cette affluence de demandes de terrès, se sont bien gardés de ne pas en profiter et de mettre le fellah en garde contre le danger qui le menaçait. Ils revendirent bientôt en masse avec bénéfice. Il arriva finalement ce qui devait arriver, comme dit le langage des *Mille et une Nuits*, ce fut *la crise*, conséquence naturelle d'une spéculation effrénée et de la méconnaissance, voulue ou non, des problèmes économiques les plus élémentaires.

Nous nous trouvons ainsi amenés à nous demander, en étudiant brièvement la *production* de l'agriculture égyptienne après le *producteur*, si ce dernier n'achète pas trop cher — outre qu'il la paye souvent avec de l'argent qui n'est pas à lui — une terre à 100 L. E. le feddan, et s'il ne la loue pas trop cher au prix de 10 L. E. ce même feddan, soit respectivement environ 6.000 et 600 fr. l'hectare, prix qui ont été dépassés plus d'une fois (1). Nous consacrerons à cet examen un troisième paragraphe, car s'il n'entre aucunement dans le cadre de cette étude de donner sur les cultures d'un pays très différent à cet égard de la Tunisie, des renseignements du reste vulgarisés, il est impossible de ne pas dire un mot de la question du coton, à laquelle le sort du fellah se trouve étroitement lié.

§ 3.

La richesse de la terre d'Égypte est légendaire, elle a été exagérée. Pour en revenir à notre définition du début, il est probable que « l'oasis » égyptienne a toujours excité la convoitise des peuples par le contraste, non seulement avec le

(1) Le fellah propriétaire est rongé par son hypothèque comme le fellah locataire l'est par sa location (Communication de Bernard Bey, inspecteur au Min. de l'Instr. publique).

désert qui l'entourait, mais avec tous les autres pays rive-
rains de la Méditerranée, à laquelle se borna pendant des
siècles l'étendue du monde connu. En réalité le sol, soumis
à l'analyse, n'indique pas en azote, en potasse, en acide
phosphorique des teneurs supérieures aux terres noires de
Russie et de Roumanie, au riche humus de la plaine de
Hongrie, voir même de notre Brie, de notre Beauce ou de
notre Limagne. On ne peut donc dire que sa fertilité soit
exceptionnelle (1). Ce qui est exceptionnel, unique et mer-
veilleux, c'est la crue, à date fixe et régulière, de cet énorme
fleuve, à l'origine demeurée si longtemps mystérieuse, et
dont l'eau permet de développer les cultures les plus riches
et sans morte-saison, puisque le travail de la végétation ne
s'arrête pas sous le soleil brûlant. L'eau et la chaleur asso-
ciées sont évidemment, par les phénomènes de nitrification
surtout qu'ils favorisent, des agents de fécondation pour le
sol le plus stérile, à plus forte raison pour une terre d'al-
luvions profondes comme celle de l'Égypte (nous parlons
bien entendu toujours de l'Égypte cultivée, puisque le
reste, au point de vue agricole, n'existe pas).

Cette Égypte cultivée présentant un caractère uniforme
d'un bout à l'autre, on ne doit pas s'attendre non plus à y
rencontrer des cultures variées, comme en Tunisie, par
exemple, où le pâturage fait suite à la forêt, la céréale au
pâturage, puis la vigne, l'olivier, et enfin le dattier, où le
rivage découpé de la mer et le relief du sol concourent à

(1) C'est à la présence de son argile en même temps que de
l'oxyde de fer que les terres d'Egypte, *peu pourvues* de chaux,
d'*azote* et d'*acide phosphorique*, doivent leur réputation de fertilité, et à l'aération du sol, qui est provoquée par un retrait considérable et des fissures dans les terres desséchées (théorie de
Gay-Lussac en 1885) » (Ramel-Gali, *Essais sur l'agriculture en
Egypte*).

modifier les essences et les produits suivant les expositions différentes auxquelles ils les soumettent.

Dans la Basse-Égypte, le fellah cultive le coton, le bersim (trèfle blanc), le blé, l'orge, la dourah (maïs) et les fèves. Dans la Haute-Égypte, le coton est remplacé en partie par la canne à sucre et le bersim disparaît. Les fourrages naturels sont inconnus, puisqu'il ne pleut pas, et que cela seulement pousse qui a été planté, et vers quoi l'on a dérivé une goutte du Nil. Un seul fourrage artificiel, universellement répandu, le bersim. La vigne et l'olivier ne se rencontrent pour ainsi dire nulle part, même comme arbustes de vergers. Il en est quelques pieds au Fayoum, province qui, pour des raisons de structure orographique et hydrographique sur lesquelles il est inutile d'insister, présente un caractère à part (1); il n'y a pas de forêts, on ne peut donner ce nom aux groupes assez compacts, mais clairsemés, de palmiers-dattiers. L'horticulture paraît être une science inconnue des Égyptiens. C'est ainsi que les oranges, les mandarines, les bananes, les dattes elles-mêmes sont très inférieures de qualité, ce qui étonne d'abord quand on voit la terre où elles poussent. Il en est de même des pommes de terre et en général de tous les légumes européens. On ne peut évidemment en accuser que l'excès d'eau dans le sol, ou le manque de soins. — L'élevage rationnel du bétail n'est pas pratiqué; ce bétail n'a à sa disposition qu'une paille coûteuse et rare en été (2); en hiver, il mange dans les champs le bersim, qui repousse au fur et à mesure, mais cet aliment trop aqueux, ne le nourrit pas, ou le nourrit mal. « De par les conditions géologiques, politiques et économiques de l'Égypte actuelle,

(1) *Les Irrigations dans l'Afrique du Nord*, de Jean Brunhes.
(2) La paille se paie 5 à 10 fr. les 100 kilogs.

le bétail reste un mal nécessaire » écrit Piot Bey « il ne peut être, comme dans toute autre contrée, une source de revenus s'ajoutant aux produits directs du sol. » Il est à peine besoin d'ajouter que les mêmes raisons s'opposent à l'élevage du mouton, et plus impérieusement encore ; ces derniers n'ont pas à leur disposition, comme dans d'autres pays, l'herbe sèche et menue des routes dont ils sont si friands : il n'y a en Égypte ni herbe, ni routes. Aussi les troupeaux appartenant aux Bédouins nomades, qu'il nous a été donné de rencontrer de temps à autre en visitant des domaines où ils pacageaient, nous ont-ils offert un aspect lamentable. « Il n'y a pas non plus, à proprement parler, de contrée de production ou de centre d'élevage du cheval en Égypte (1). » La remonte militaire se fait à Beyrouth et à Damas (2). Les mulets viennent de Chypre. Les bœufs et les moutons, en grande quantité, de Syrie également, de Roumanie, de Serbie, d'Anatolie. N'y a-t-il pas là, soit dit en passant, une situation anormale et trop peu connue, que la Tunisie, pays exportateur de plusieurs produits dont l'Égypte a besoin, doit suivre de très près pour tâcher d'en profiter. Nous avons cru devoir, dans cet ordre d'idées, faire connaître les articles mentionnés à l'importation dans la balance du commerce extérieur, et à la fourniture de certains desquels la Tunisie serait susceptible de s'intéresser. Voici ce tableau très suggestif :

L'Égypte a *importé* en 1907 : (3)

    50.000 chevaux, mulets et chameaux.

    43.000 bœufs et vaches.

(1) *Les chevaux de l'Afrique du Nord,* Aureggio.
Le prince Omar Toussoun a récemment organisé un haras et une société pour l'amélioration de la race chevaline.
(3) *Commerce extérieur de l'Égypte,* année 1907. Publication officielle.

400.000 moutons et chèvres.

130.000 L. E. de beurre.

160.000 L. E. de fromage.

112.000 L. E. de blé dur.

25.000 L. E. de maïs.

100.000 L. E. d'orge (Sur ce chiffre *40 L. E.* sont inscrites comme provenant de France et d'Algérie).

385.000 L. E. de riz.

1.227.000 L. E. de farine.

278.000 L. E. de sucre.

82.000 L. E. d'huile d'olive.

200.000 L. E. de vins.

35.000 L. E. de dattes.

L'importation des « céréales, farines et légumes », en particulier, suit depuis quinze ans une courbe ascendante, qui a porté cet article de 762.934 L. E. en 1890 à 1.532.346 en 1900, à 3.000.000 en 1906.

Avec quoi donc l'Égypte paie-t-elle les cent millions de produits alimentaires, et plus (1), dont elle a besoin ?

Avec son coton, ainsi que le prouve le tableau suivant, d'une simplicité éloquente :

Rapport à 1000 sur le total des exportations.

Coton	842 } Ensemble . *933*
Graines de coton . .	91 }
Cigarettes	14
Tourteaux	8
Oignons	6
Peaux	5
A Reporter . . .	966

(1) Chiffre de 1907.

Report. . .	966
Riz	5
Laine naturelle. . .	4
Œufs	4
Blé	1
Fèves	1
Autres produits, tels que gomme arabique, ivoire, plumes d'autruches, sucre de canne, tomates, cailles vivantes . .	19
Total. . . .	1000

Ainsi donc, le *coton* seul compte aujourd'ui dans les exportations de l'Égypte (1) et fait à proprement parler la richesse du fellah. *Toutes les autres productions réunies n'atteignent pas au dixième du total*, et ne suffisent pas, tant s'en faut, à nourrir la nombreuse population des rives du Nil. Or, bien que le coton ait été, dit-on, connu en Égypte dès la plus haute antiquité, il n'en a pas toujours été ainsi. Girard, membre de l'expédition scientifique de 1800, dit qu'alors on cultivait surtout l'orge en Égypte. On y faisait aussi du blé et du maïs. Ces deux dernières céréales prirent progressivement une extension de plus en plus grande, mais un tableau, dressé par Chelu-Bey, d'une exploitation de cent feddans il y a une vingtaine d'années, n'indique pas que la culture en fut à cette époque bien rémunératrice, puisque le bénéfice net au feddan, ressort à 25 francs, somme payée aujourd'hui chez le fellah pour son seul impôt foncier !

D'autres tableaux, postérieurs de dix ans, que nous

(1) L'Égypte d'ailleurs « avec son immense réputation de richesse, n'exporte que 62 fr. par tète d'habitant, la Belgique, à titre de comparaison, 469 fr. » (Ouvrage sur l'Inde de M. Pirion)

empruntons à Sir William Willcoks, le grand ingénieur anglais, indiquent comme moyenne de rendement net au feddan, en chiffres ronds :

4 L. E. pour le blé;
4 L. E. pour le bersim ;
7 L. E. pour le coton.

Par un étrange oubli, il ne signale pas la culture de maïs et la petite culture dérobée de bersim, qui complètent la rotation la plus habituelle des terres d'Egypte, portant ainsi, par le fait, cinq récoltes en trois ans (1). Si pour ces produits on compte respectivement 4 L. E. et 2 L. E. d'après des renseignements qui nous ont été donnés à l'administration des Domaines, on obtient, pour 3 ans et 5 produits, à l'époque où écrivait Willcoks, un total de 21 L. E. ou *7 L. E. par an et par feddan.* Si l'on déduit enfin, de ces 7 L. E., 1 L. E. au feddan d'impôt, 1 L. E. de gardiennage (les ghaffirs, v. plus haut) et la location du terrain, il apparaît clairement qu'au prix où ces terrains sont loué aujourd'hui, 8 à 10 L. E. le feddan, la culture serait en perte. Elle ne l'est pas, parce que ses procédés, ont été améliorés, transformés par l'œuvre des barrages, et parce que les prix du coton ont augmenté de 30 o/o depuis l'époque où Sir W. Willcoks publiait son ouvrage. On compte maintenant pour le coton un rendement *brut moyen* de 4 Cantars (2) 20 au feddan, payé 3 L. E. le Cantar (3), soit 12 L. E. 60 (*700 francs l'hectare*).

(1) Blé semé en octobre, récolté en juin.
Maïs de juin à octobre. — Labours pour le coton — et bersim.
Coton, de mars à octobre.
Bersim la troisième année, mangé 3 ou 4 fois en vert et enfin récolté au printemps.
(2) Le Cantar = 50 kilos.
(3) Cours de 1907.

Mais cette constatation d'un état tout de circonstance suffit-elle à justifier — puisque c'est là surtout ce qui nous intéresse présentement — les prix inouis auxquels le fellah s'est laissé entraîner à louer et à acheter la terre depuis quatre ou cinq ans ? Nous ne le croyons sincèrement pas. Ainsi que le disent très bien MM. Arminjou et Michel dans leur brochure sur le commerce extérieur de l'Égypte. « Ce commerce extérieur est alimenté, pour la presque totalité, par un seul produit, supprimez celui-ci ; Imaginez les champs de cotonniers dévastés par quelque charançon, comme les vignobles de France l'ont été par le phylloxera ; supposez le cours du coton baissant des 4/5 et l'Égypte devrait, ou bien chercher je ne sais quel succédané introuvable du coton, ou bien suspendre, sans plus de délai, le paiement de ses coupons, et renoncer à demander à l'importation la satisfaction des nouveaux besoins dont la civilisation moderne a dotés ses habitants. »

Il va sans dire qu'une aussi grave éventualité n'est pas à prévoir. Mais ce qui est dans l'ordre des choses possibles, et même probables, c'est une baisse sensible sur les hauts cours pratiqués depuis quelques années. On sait les efforts tentés par les associations cotonnières de France et d'Angleterre, par la Russie même, pour acclimater le coton dans beaucoup de régions africaines ou asiatiques qui n'en ont point encore produit. Le coton égyptien, nous objecte-t-on, est d'une fibre toute spéciale. On ne retrouve cette qualité supérieure qu'en Géorgie. Nous ne l'ignorons pas. Mais cette supériorité même peut se retourner contre lui, les débouchés de cette sorte fine étant plus restreints (1) ;

(1) La *demande* de coton tend également à diminuer dans le monde.
Consommation mondiale 1906-1907 = 15.743 milliers de balles.

enfin le soin jaloux avec lequel les Anglais s'opposent à
l'introduction de l'industrie cotonnière en Égypte tiendra
toujours le produit éloigné de son lieu de manipulation,
et grevé jusque-là de risques d'assurances et de frais de
transport qui en diminuent la valeur au point d'achat. Le
moins qu'on puisse dire dans ces conditions, est que le
prix du coton est une inconnue, et qu'il est toujours dangereux pour un pays de dépendre uniquement et pour un
pareil chiffre : 23.597.844 L. E. en 1907 (625 millions de
francs) de la production et de la vente d'une seule denrée.

Et puis, il n'y a pas que la question des cours mondiaux.
La quantité et la qualité supérieure de ce coton, auxquelles
la fortune du fellah est attachée, sont-elles, sur place même,
des facteurs immuables? Il apparaît bien que non. *La stagnation des rendements du coton, la diminution de sa qualité*
sont aujourd'hui des *faits* récents, mais *établis*. Au mois
d'avril dernier, quand nous quittions l'Egypte, la presse
s'était emparée de la question et la discutait journellement.
Une commission venait d'être désignée par le gouvernement pour rechercher les raisons d'un état de choses aussi
inquiétant à tous égards. Ces raisons ne sont pas appa-
rentes. Pour les dégager, il faut avoir étudié d'un peu près
l'agriculture égyptienne, si spéciale. On nous permettra
d'en dire un mot ici, la question étant passionnante, tant
par les problèmes hydrographiques qu'elle soulève, et les
répercussions qu'elle peut avoir dans le monde économique, que parce qu'elle intéresse directement l'avenir du
fellah.

La culture égyptienne est une culture de jardinage, où

Production mondiale 1906-1907 = 21.796 milliers de balles.
Différence 6.053 milliers de balles. (Cité par Ch. Roux. *Le
coton en Egypte.*)

le nivellement du sol et le bon écoulement des eaux sont tout. Mais cette culture a pris au cours du XIXe siècle un essor considérable et absolument inattendu, du fait d'une transformation profonde de ses procédés. Cette transformation, c'est la substitution de l'*irrigation pérenne* à l'*inondation par bassins*, par le moyen de l'œuvre des barrages, d'une conception grandiose et réellement digne du pays qui construisit les Pyramides, les colosses de Memnon et la salle hypotstyle de Karnak. Il est assez difficile à qui n'a pas remonté le Nil jusqu'à Assouan, ou ne s'est pas au moins familiarisé avec le sujet par la lecture des travaux de Sir W. Willcocks, d'en bien apprécier les difficultés, le caractère et la portée. Nous ne cacherons pas la surprise admirative qu'elle nous a causée.

Jadis, et pendant 7.000 ans, les Égyptiens préparaient le long du fleuve, sur les deux rives, de vastes bassins se commandant les uns les autres, et l'eau du Nil ne gagnait la mer qu'après avoir, en les traversant, déposé son limon sur le pays entier. Dans cette terre tourbeuse et humide le fellah semait à la volée, et pour ainsi dire sans le moindre travail, un sac de blé, d'orge ou de maïs qui lui en rapportait 30 six mois après (1). Lorsque Méhémet Ali entreprit, au milieu du siècle dernier, de développer la culture du coton Jumel dans ses États, et que la nécessité apparut évidente d'avoir de l'eau en plus grande abondance et aux diverses époques de l'année, un ingénieur français dont le nom est resté célèbre en Égypte, Linant de Bellefonds, conçut le projet de retenir par un barrage les eaux du Nil à l'époque de la crue, pour les rendre plus tard, en

_____

(1) « Aussitôt qu'ils eurent laissé l'eau claire s'écouler vers le Nil, les semeurs jetèrent leur graine sur la vase et le limon et revinrent bientôt pour récolter ». (Shakespeare, Cléopâtre).

temps utile, et régler ainsi le débit. Ce projet, qu'un autre Français, Mougel Bey, devait plus tard commencer de mettre à exécution à la pointe du delta, fut le point de départ de tout le système actuel que les Anglais ont développé avec une remarquable ténacité et le sentiment très net que de son fonctionnement dépendait la vie même du pays. Il n'est pas en Égypte d'administration où leur influence se soit davantage fait sentir, disons où ils aient plus porté leurs soins que dans ce service des irrigations, et s'il n'y a pas en Égypte de ministère de l'Agriculture, ce qui peut surprendre au premier abord (1), c'est que dans un pays consstitué comme une oasis, l'agriculture tient en réalité toute entière dans l'irrigation, et que les Anglais, qui ne sont pas pour les cadres administratifs inutiles, et proportionnent l'effort au besoin, s'en sont vite aperçus. Ajoutons qu'une société privée, mais suscitée (2), patronnée et subventionnée par le Gouvernement anglo-égyptien, d'attache officielle enfin, la Société Khédiviale d'Agriculture est une manière de ministère autonome, en même temps qu'un syndicat des principaux agriculteurs du pays. Son très actif secrétaire, Mr Foaden, est une des rares compétences

(1) Lord Cromer écrit à ce sujet (Rapp. de 1906); « De temps en temps, soit par voie de la presse, soit par d'autres voies, une demande s'élève pour la création d'un ministère de l'Agriculture. Le Gouvernement n'a pas cessé de reconnaître l'utilité de mesures auxiliaires en faveur de l'Agriculture. Mais il désirait aussi éveiller parmi les classes propriétaires elles-mêmes quelque esprit d'initiative et de ressources, au lieu de favoriser, par la création d'un nouveau département d'Etat, cette faiblesse orientale qui veut s'appuyer en tout sur l'action des autorités. » Vue marquée au coin du plus pur esprit anglo-saxon.

(2) On retrouve ici la méthode que nous avons vu adopter, dans un autre ordre d'idées, pour l'Agricultural Bank (v. pl. haut).

techniques que nous ayons rencontrées. Nous devons à son amabilité la plupart des indications qui vont suivre.

La fondation de la Société Khédiviale d'Agriculture est donc due à l'initiative privée, sollicitée adroitement, d'un groupe de propriétaires, en grande partie indigènes, riches et intelligents. Le prince Hussein Kamel Pacha la préside depuis 1905, date de son organisation définitive, avec une très grande autorité.

D'après ses statuts, la Société a pour but de conquérir au développement et à l'amélioration de l'agriculture en Egypte:

1° Par la sélection et la distribution de semences de bonnes qualités ;

2° Par l'introduction de nouvelles variétés de semences, de plantes et d'arbres ;

3° Par des essais d'engrais, de manière à prouver au cultivateur leur utilité pratique ;

4° Par l'achat et la répartition de ceux de ces engrais qui se seront montrés d'un emploi avantageux ;

5° En travaillant à l'amélioration du bétail et autres animaux de ferme ;

6° En cherchant à introduire ou à perfectionner les machines et instruments de culture.

7° Par des études scientifiques et pratiques sur les ravages des insectes nuisibles ;

8° Par la publication de fascicules techniques ;

9° Par l'organisation d'une exposition agricole annuelle au Caire, et de concours régionaux dans les moudiriehs, autant que possible ;

10° En se mettant en rapport avec les sociétés similaires ou les Ministères d'Agriculture des autres pays pour recueillir d'eux des informations utiles.

Le nombre des membres, payant une cotisation annuelle de 1 Livre égyptienne, est illimité.

La société publie un rapport annuel. Le dernier paru mentionne une rentrée de 3.820 L. E., correspondant à un nombre supérieur de membres, certaines cotisations étant en retard. Il indique que la subvention gouvernementale, précédemment de 6 puis de 7.000 L. E. a été portée à 8.000 L. E. (208.000 fr.), que l'exposition du Caire a enregistré un total de 16.000 entrées payantes, très au-dessous du nombre réel des visiteurs, et que la section d'élevage, dont la tâche est considérable, va entrer dans une période d'activité. Il note que la valeur des engrais distribués se monte approximativement à 210.000 L. E., répartis entre environ 13.000 cultivateurs dans les proportions suivantes :

Cultivateurs de	1 à 10 feddans	. . .	10.000
—	10 à 50 —	. . .	2.000
—	50 à 100 —	. . .	240
—	100 à 200 —	. . .	120
Au delà de	200 —	. . .	500

Chiffres extrêmement intéressants à relever en ce qu'ils montrent à quel point les fellahs propriétaires sont en train d'évoluer dans le traitement à faire subir à leurs terres (1).

Le budget de la Société s'établit ainsi pour l'exercice 1907 :

Recettes	. . .	29.718.226
Dépenses	. . .	14.375.669
Excédent	. . .	15.342.557

(1) Progression de l'importation générale des engrais chimiques en Egypte.

Jusqu'en 1903, aucune rubrique spéciale dans les statistiques.

En 1903.	. .	16.417	L. E.
En 1904.	. .	28.625	—
En 1905.	. .	56.801	—
En 1906.	. .	122.709	—
En 1907.	. .	245.696	—

Une notable partie des recettes, les deux tiers environ, lui est assurée d'une part par la subvention gouvernementale, de l'autre part par les bénéfices qu'elle se réserve sur la revente des engrais chimiques à ses adhérents,

Un laboratoire de chimie, d'entomologie, et de botanique fonctionne sous sa surveillance.

La Société Khédiviale d'Agriculture sera sans doute en mesure de rendre d'éminents services à l'agriculture égyptienne, et le petit fellah ne manquera pas de bénéficier, tout le premier, d'expériences et de travaux qu'il n'aurait jamais été en mesure de conduire lui-même, spécialement en ce qui concerne la sélection des graines de coton (1) et l'utilisation des engrais. Cette utilisation s'impose de plus en plus, là comme ailleurs, malgré la richesse d'un sol que l'on prétendait inépuisable. M. Foaden la considère même comme une nécessité impérieuse et urgente. Dans la crise où se débat l'Egypte, la mission de la Société Khédiviale d'Agriculture nous apparaît donc comme très importante. C'est à elle qu'incombera le soin de vulgariser dans les campagnes les conclusions auxquelles aboutiront les ingénieurs et les agronomes, en ce qui concerne l'irrigation des

(1) Les agriculteurs, dit une note de la Société publiée l'an dernier, et qui est fort judicieuse, se sont préoccupés ces dernières années, d'augmenter la quantité de leur récolte de coton, mais ils n'ont pas apporté le même soin à en améliorer la qualité. Or, il est admis que la production du coton égyptien n'est que peu importante par rapport à celles d'autres pays, tels que l'Inde et surtout les Etats-Unis, et que ce qui fait la haute valeur de la récolte, c'est précisément la qualité du coton égyptien qui le fait préférer à d'autres par les fabriques. Si notre coton venait à perdre cette qualité supérieure, il *cesserait d'être préféré et même d'être nécessaire*, de telle sorte que les agriculteurs subiraient des *pertes d'autant plus graves et plus irréparables qu'ils ne pourraient remplacer la culture cotonnière par une autre également avantageuse.*

6

terres et la culture du coton pour l'avenir. La question
mérite de grouper toutes les compétences. Elle est grave
et complexe. On en juge par le rapport de la commission
chargée d'étudier les causes de l'abaissement des rendements cotonniers, qui a été publié récemment. Elle a
inspiré les lignes suivantes, que nous avions déjà rédigées
quand parut la remarquable étude de M. Fr. Jules Ch. Roux:
Le coton en Égypte. L'auteur nous les a empruntées avec notre
consentement et les a reproduites à la fin de la deuxième
partie de son ouvrage, pages 271 et 272.

« On a été conduit à attribuer la diminution du rendement à la suppression de l'ancien assolement triennal (coton — bersim — céréales — avec culture intercalaire de
maïs) remplacé par un assolement biennal, où le coton revient tous les deux ans. Le coton est, en effet, une culture
épuisante, et si le bersim ne vient pas, à époque régulière,
jouer son rôle bien connu de légumineuse azotant le sol,
comme ce sol est, par lui-même, assez pauvre en azote,
il est évident que les meilleures conditions de production
sont loin de lui être assurées. Cette explication paraît, de
prime abord, tout à fait rationnelle, et cependant, dans les
terres des domaines de l'Etat, où l'ancien assolement a été
maintenu, le même phénomène de diminution des rendements a été et est encore constaté, et avec la même proportionnalité qu'ailleurs.

« Ce n'est donc pas dans l'assolement biennal seul qu'il
faut chercher la clef du problème. Est-ce dans les ravages
causés par le ver du coton? Mais ce ver a toujours existé
sous sa double forme, ver de la feuille et ver de la graine,
et s'il était prouvé qu'il s'est multiplié en Egypte, il resterait encore à déterminer l'agent physique sous l'influence
duquel il s'est développé.

« On a accusé aussi la salure des terres. Nul n'ignore en

effet, qu'en Égypte, où il ne tombe presque jamais d'eau, la terre n'est pas lavée du sel qu'elle peut contenir (1). Or, comme le Nil n'inonde plus le pays comme autrefois, lui non plus n'entraîne plus à la mer, sauf sur les points particuliers où des drains ont été établis, l'excès de sel qui se trouve à la surface du sol, et se manifeste par des affleurements de cristaux d'un gris blanchâtre tout à fait significatifs. La nappe d'eau souterraine, notablement salée, puisque le Delta a été conquis lentement sur la mer, envoie ainsi chaque jour à la surface, à travers les masses perméables, de plus grandes quantités de sel, qui ont de moins en moins de chance d'être dissoutes. — Cette troisième raison ne peut être mauvaise non plus, et pourtant on sait que le coton souffre bien moins du chlorure de sodium que les céréales, par exemple, et qu'il pousse surtout bien dans la Basse-Égypte où sont précisément les terres les plus salées. Alors ?

« Alors, il semblerait que ce phénomène de la diminution des rendements cotonniers fut dû — l'Égypte nous devait ce dernier paradoxe — à l'agent même dont on n'attendait que la fécondité, ce qui veut dire à l'eau du Nil. Par suite de la pérennité de l'irrigation, conséquence, nous l'avons dit, de l'établissement des barrages, l'humidité du sous-sol de l'Égypte est entretenue aujourd'hui d'une façon constante, ce qui n'était pas le cas autrefois. Les racines des plantes et celles du coton en particulier, qui pénètrent à une assez grande profondeur, reçoivent ainsi plus d'humidité qu'il ne serait nécessaire, et à l'époque où la végétation devrait cesser dans les bois pour laisser mûrir la graine, on voit encore la sève faire pousser sur ces bois de tardifs

_____

(1) « La culture en Égypte est une lutte perpétuelle contre l'envahissement du sel ». Schheinfurth.

et inutiles bourgeons, de sorte, et le fait a été constaté de façon absolue ces dernières années, que la maturité du coton, sensiblement retardée, se trouve se fairen à une époque où les brouillards sont le plus à craindre. Ces brouillards eux-mêmes, plus nombreux et plus intenses qu'autrefois, toujours à cause du surcroît d'eau charriée par les canaux, ont une action des plus néfastes, non peut-être tant par eux-mêmes, que parce qu'ils interceptent la chaleur des rayons solaires nécessaire pour la parfaite maturité du coton, plante quasi-équatoriale.

« Il se trouve donc qu'en fin de compte, la culture du coton en Égypte souffre non d'un manque, mais d'un excès d'eau. Comme il est difficile d'empêcher cette eau de venir où l'appellent la pente naturelle et les travaux des hommes, sans doute faudra-t-il songer à l'évacuer par un plus grand nombre de drains appropriés, quand elle aura produit son *maximum d'effet utile*, qu'il importe de bien déterminer. Ces travaux, et l'épandage des engrais chimiques, sauveront probablement, au prix, il est vrai, de fortes dépenses, les rendements cotonniers du pays. En attendant, il aura été prouvé une fois de plus que le pire peut naître des meilleures intentions, et que la nature pliant toujours l'homme à son propre geste, dont il n'est jamais le maître qu'un instant, lui interdit, ici comme ailleurs, les œuvres parfaites et les espoirs illimités. »

Quelles conclusions tirer de cette rapide esquisse des conditions de la vie matérielle du fellah égyptien ? Ces conditions se sont prodigieusement améliorées depuis vingt-cinq ans, le fait est incontestable. Les salaires ont doublé ; la corvée, la courbache ont été supprimées ; l'accession à la propriété est aujourd'hui un droit reconnu à n'importe quel cultivateur du pays. Mais le sort primitif de ces salariés était si misérable, c'était, on peut le dire, un tel bétail humain que cette grande amélioration relative n'a pas fait, qu'au demeurant, ils gagnent aujourd'hui plus d'un franc par jour, ni qu'ils aient pu s'affranchir d'une sorte de servage de fait vis-à-vis du grand propriétaire. Quant aux petits locataires et aux petits propriétaires, ils travaillent une terre riche et d'un rendement toujours assuré, dont on peut estimer la valeur à dix fois celles de nos meilleures terres en Tunisie, mais ils sont loin d'en tirer des bénéfices proportionnels en raison de la charge très lourde de l'impôt foncier, de l'importance et du caractère de la dette hypothécaire, du prix d'achat ou de location des terrains, et des conditions défectueuses d'administration et de sécurité, malgré tous les efforts tentés par le Gouvernement anglo-égyptien depuis quelques années pour arriver à les modifier.

Si nous envisageons l'avenir, un exhaussement des salaires ne paraît pas probable, vu l'accroissement continu de cette population foisonnante; d'autre part, une diminution de 20 à 25 o/o de la valeur des terres par rapport aux hauts prix pratiqués par la spéculation ces trois ou quatre dernières années, semble être dans l'ordre des choses probables, et si la richesse de l'Égypte peut être maintenue, nous ne disons même pas étendue, elle ne le sera qu'au prix d'une culture plus rationnelle, alimentée d'engrais chimiques en quantité chaque jour plus considérable, et avec l'aide d'un réseau de canaux de drainage très développé, et de nouveaux barrages sur le Haut-Nil. Ce sont là des dépenses dont les Égyptiens sont en droit d'attendre un grand bienfait, mais dont ils doivent sentir l'évidente, et coûteuse nécessité. Des hommes clairvoyants comme sir W. Wilcoks l'ont bien compris, mais il faut se rallier à son courageux optimisme, et se dire avec lui

« que nous approchons sans doute, en Egypte et au Soudan, des plus étonnantes et des plus impressionnantes découvertes que les ingénieurs hydrauliques du monde aient
jamais faites » (1).

Cependant, le fellah continue de mener, dans ses agglomérations d'une saleté repoussante, à peu près la même
vie qu'il y a quatre mille ans, sauf qu'il paye plus cher son
vêtement, sa nourriture et son toit. Il affectionne ses vieilles
méthodes; il manque absolument d'esprit d'initiative. Il
est probable qu'il évolue, car on ne peut imaginer, fût-ce en
Égypte, un organisme social qui ne soit pas en voie d'évolution, mais on ne s'en aperçoit guère. Tout cet édifice de
civilisation européenne, dont les premières pierres ont été
posées, ne l'oublions pas, il y a déjà 80 ans par Mehemet
Ali, ne paraît pas avoir modifié beaucoup la mentalité du
peuple des campagnes. Le fellah en a bénéficié inconsciem-
ment. Son insouciance et son apathie dépassent de beaucoup tout ce que nos populations du Maghreb ont pu nous
laisser entrevoir de l'insondable sérénité de l'Orient. Il y
a à cela deux raisons. La première est la puissante influence du lieu, de ce pays au caractère si immuablement
singulier dont nous avons essayé de donner l'idée. La seconde est le manque de contact avec l'Européen, et spécialement avec la race anglaise qui préside à ses destinées. Il
s'agit bien effectivement ici d'une occupation et non d'une
pénétration. L'armée anglaise, très réduite, vit aux portes
de la ville, dans ses casernes et ses mess d'officiers, tout à
ses exercices et à ses sports; les inspecteurs civils, peu
nombreux, ne résident pas dans les provinces, ils y passent,
de temps en temps, remontant ou redescendant le Nil sur

(1) *Le Nil Blanc et la récolte du coton.* Conférence du 25 janvier 1908 au Caire.

une dahabieh à vapeur; aucun Anglais n'a d'intérêt direct ni ne séjourne dans les campagnes.

En revanche, leur morgue les rend insupportables aux natives. Une Anglaise de grand jugement, Mrs Devereux, que nous avons maintes fois rencontrée au Caire, terminait ainsi une série d'articles qu'elle envoyait à la *Daily Mail* à titre de correspondante occasionnelle : « Nos erreurs dans l'histoire ont été dues la plupart du temps au fait que nous ne prodiguons pas la sympathie autour de nous. S'imaginer que la gratitude est inspirée par la justice plutôt que par l'amabilité est une erreur, erreur dont notre situation présente en Égypte est une poignante et pourrait devenir une dangereuse illustration ».

Lord Cromer s'exprime en termes à peine moins catégoriques dans la conclusion de ce rapport de 1906, qui restera, avec son livre *Modern Œgypt*, comme le testament politique du vieil homme d'État, et l'exposé résumé d'une expérience de plus d'un quart de siècle passé en Orient.

« On remarque, dit-il, que la sympathie entre les deux races, qui devrait augmenter à mesure que deviennent plus apparents les avantages de l'intervention britannique, va en diminuant... Si cette brèche existe réellement, il y a un moyen de la réparer, non pas tant par un changement de politique ou l'adoption de quelques mesures radicales de réformes que par l'action des individus eux-mêmes... J'entends fréquemment répéter que la couche des jeunes fonctionnaires anglais arrivés en dernier lieu dans le pays a, à un moindre degré que sa devancière, le soin de ne pas blesser les susceptibilités des Égyptiens... Or, si nulle personne raisonnable ne pense que parmi les serviteurs britanniques du gouvernement Khédivial il y en ait de déshonnêtes ou d'injustes, il importe beaucoup aussi qu'ils se rendent sympathiques. M'expliquer clairement là-dessus serait difficile. Après trente-cinq années d'administration orientale, je me trouve incapable de définir avec la moindre pré:ision les qualités que devrait posséder l'occidental, ou la ligne de conduite qu'il devrait suivre pour s'attirer la confiance de l'oriental ou sa bonne volonté, mais je n'en suis pas moins convaincu qu'on peut gagner l'une et l'autre. Il appartient à chaque fonctionnaire britannique, pris sépa-rément, d'apprendre par l'expérience et par l'étude cons-tante du caractère de ceux au contact desquels il se trouve, de quelle manière il peut les obtenir. Il doit surtout se souvenir que *tout ce qui ressemble de près ou de loin à du dédain social conduit sûrement à l'insuccès*, qu'au milieu des circons-tances particulières où se trouve le pays, toute parole ou tout acte inconsidérés ou irréfléchis peuvent, non seule-ment blesser là où n'existe aucune intention de blesser, mais produire encore des conséquences d'une bien plus sérieuse portée ; *et qu'un de ses devoirs les plus essentiels con-siste à s'efforcer d'acquérir les sympathies du peuple avec lequel il est en rapport* ».

Si communicative que soit notre âme de Latins aux po-pulations des rivages méditerranéens, des lignes d'une aussi sage inspiration ne devraient-elles pas être méditées par un certain nombre de fonctionnaires de notre Maghreb algé-ro-tunisien ?

Disons tout de suite que si l'anglais ignore l'indigène, il ne le brutalise ni ne le raille jamais. « Les deux sphinx vivent côte à côte, impénétrables et hostiles » (1). Ses rap-ports avec le fellah sont en général empreints d'une con-descendance hautaine, qui ne va pas sans quelque inso-lence, mais aussi d'une absolue correction et dignité. Or c'est ce manque de tenue et de dignité, joint aux excès de

_____

(1) *Les Anglais aux Indes*. Piriou.

boissons, aux sarcasmes contre les coutumes et la religion, qui déconsidèrent totalement certains Français dans les milieux indigènes. Les Anglais, eux, ne peuvent encourir ce reproche.

Toutefois on est près de penser, quand on étudie en Égypte l'état d'esprit de la population indigène à l'égard de « l'intervention » britannique, que lord Cromer est peut-être sincère quand il prévoit la cessation de cette intervention et l'éventualité d'un retrait des troupes et des fonctionnaires anglais à un moment donné. Les pièces de l'échiquier européen ont tellement changé de place, que l'Égypte ne saurait, au regard de la Grande-Bretagne, présenter l'importance politique qu'elle avait jadis. On peut imaginer un arrangement international garantissant en toute occurence la navigation commerciale sur le canal de Suez et la route des Indes. Si l'Angleterre était certaine de laisser derrière elle, en s'en allant, un gouvernement suffisamment organisé, un service d'irrigations assez « mis au point » pour assurer au meilleur compte le coton nécessaire à ses usines, nous ne voyons pas, en toute franchise, l'intérêt qu'il y aurait pour elle à demeurer la conseillère discrète de gens qui la détestent foncièrement : solidement installée au Soudan, ne serait-elle pas aujourd'hui en mesure d'assoiffer ou d'inonder à sa guise le vieux pays des Pharaons? Les Anglais ont raison d'opposer volontiers à notre politique idéaliste, à nos procédés d'administration logiques et symétriques des vues plus pratiques et une politique de réalités. Quoi qu'ils en disent, ou plutôt malgré qu'ils n'en disent rien, le Soudan, auquel personne ne prête grande attention, pourrait bien être pour eux la porte de sortie d'où ils secoueraient un jour la poussière de leurs Knicker-bockers sur l'Egypte, tout en en gardant la clef.

APPENDICE

SUR LE DÉVELOPPEMENT DES MOYENS DE TRANSPORT ET DE COMMUNICATION

Les moyens de transport et de communication ont reçu une vigoureuse impulsion en Égypte depuis 25 ans. Il ne s'agit pas ici des routes, car il n'y a de routes en Égypte, au sens où on l'entend en Europe, c'est-à-dire de larges chaussées empierrées, que celle qui conduit du Caire aux Pyramides, sur une longueur d'environ quinze kilomètres. C'est littéralement la *seule* voie praticable aux automobilistes, qui l'utilisent pour aller prendre le five o clock tea à l'hôtel de Mena-House. Il va sans dire que cela ne suffit pas pour intéresser le fellah.

Les 2.500 kilomètres de routes agricoles l'intéressent davantage. Ce sont des chemins de terre battue courant le long des digues, mais qui sont à peine praticables la plupart du temps pour des attelages. Aussi ne circule-t-on guère en Égypte qu'à chameau ou à âne — les fameux petits ânes égyptiens qui valent jusqu'à mille francs pièce. Ici encore le gouvernement anglo-égyptien paraît avoir subordonné l'effort au besoin. En premier lieu, ces chemins rudimentaires ne risquent pas d'être défoncés par les pluies, puisqu'il ne pleut presque jamais ; d'autre part, la pierre est rare, et le pays est entrecoupé d'une myriade de petits canaux qui auraient exigé de nombreux ouvrages d'art : les routes auraient donc coûté fort cher, et une fois faites, il n'est pas dit du tout qu'elles auraient « payé ». Le Nil et la longue bande de ruban ferré qui le longe jusqu'à Assouan constituent deux voies très suffisantes, se complétant l'une l'autre. Quant à la Basse-Égypte elle est sillonnée d'un réseau de voies ferrées, larges et étroites, relativement très multiplié : Chemins de fer égyptiens (d'État), Chemins de fer économiques (Société privée de la Delta light railway — Compagnie de la Basse Égypte — Fayoum Company) — Petits chemins de fer Decauville dans toutes les exploitations importantes, drainent le trafic du coton, le reste des produits étant pour la plus grande partie consommé sur place ou transporté à de petites distances à dos de chameau.

La navigation sur le Nil et les canaux du Nil est ici d'un appoint d'autant plus sérieux que le gouvernement a pris l'initiative de l'affranchir de tous droits. Cette mesure a eu le double effet de développer les transports par eau et de maintenir les tarifs de chemin de fer à un taux réduit.

Il n'y a que des éloges à décerner au fonctionnement de tous ces chemins de fer, privés ou d'État. La distance d'Alexandrie au Caire, qui est d'environ 250 kilomètres, est franchie en trois heures et demie à peine. On fait près de 90 à l'heure pendant une heure entre Tantah et le Caire. Les trains se succèdent toutes les deux ou trois heures, grandes voitures à boggies, wagons-restaurants, etc. Le trajet de 600 kilomètres et plus entre Le Caire et Louqsor se fait on ne peut plus confortablement entre 9 heures du soir et 7 heures du matin dans les voitures de la Compagnie des Wagons-lits et pour des prix modérés.

Le nombre des voyageurs transportés par les chemins de fer d'Etat a été de 22.500.000 et le tonnage des marchandises de 6.712.000 tonnes. — Pour les chemins de fer privés (1145 kilomètres en 1906), ces chiffres sont de 6.834.000 voyageurs et 929.000 tonnes de marchandises.

Voici les tarifs de voyageurs des chemins de fer d'Etat :

1 piastre (2 sous et demi) au kilomètre en première classe.
1/2   —   —   — en deuxième classe.
1/4   —   —   — en troisième classe.

Avec minimum de 2 P.T. en première classe, et cela jusqu'à 50 kilomètres.

De 50 à 100 kilomètres 4 millièmes 76 (au lieu de 5 millièmes) et ainsi de suite en diminuant de 1/4 de millième par fraction de 50 kilomètres.

L'usage du chemin de fer nous a paru beaucoup plus répandu chez les indigènes des campagnes en Égypte qu'en Tunisie. Les troisièmes classes sont toujours bondées de fellahs.

Le nombre des messages télégraphiques transmis en 1906 a été de 2.300.000 et celui des correspondances postales échangées avec les pays étrangers de 21.000.000, dans l'intérieur même, de 37.000.000.

L'Égypte est sillonnée par un réseau téléphonique très-étendu. Une quantité de villages et d'exploitation sont pourvus du téléphone. Le contraire est plutôt l'exception. Au 31 mars 1908 on comptait 1962 lignes sur une longueur de 18.083 kilomètres ; 329 lignes sont en voie de construction. On s'attend à en prendre livraison ces jours-ci (fin 1908) et le système sera alors complet.

CHAPITRE II

L'ÉDUCATION

> Cherchez à apprendre la science, quand même vous
> devriez la trouver en Chine.
>
> (*Le Coran*).
>
> Le premier élément de richesse d'un pays nous
> paraît être le degré de culture de sa population. Nous
> considérons donc qu'il n'est pas seulement de notre
> devoir, mais encore de notre intérêt de ne pas marquer
> une limite à l'instruction de nos sujets (musulmans)
> et de ne rien négliger pour les aider à se rapprocher
> de nous le plus possible. Ce rapprochement devrait
> être le principe déterminant de notre politique indi-
> gène.
>
> (*Le Temps* du 3 novembre 1907).

§ 1er

On retrouve de temps à autre dans une certaine presse
arabe un reproche à l'adresse de la France, c'est celui
d'avoir négligé à l'excès l'instruction de ses sujets ou pro-
tégés indigènes de l'Afrique du Nord. On oppose volontiers à ce qu'on appelle notre inertie, sinon notre défaillance
en cette matière, le tableau du développement de l'instruction en Égypte. Il convient donc avant tout d'étudier de
près la valeur d'un tel grief.

Les statistiques sont là pour fixer notre opinion. Si nous
ouvrons le *Statistical return of pupils attending public and
private schools in Egypt* pour 1906-1907, publié par les

soins du ministère des Finances, nous y lisons que le nombre des enfants égyptiens recevant l'instruction primaire et secondaire est de 70.455 (59.443 et 11.112 filles); si l'on ajoute à ce chiffre celui de 165.587 qui représente la quantité d'enfants fréquentant les écoles coraniques ou Kouttabs, on obtient un total de 236.042, soit, en chiffres ronds, 250.000 enfants, pour une population de près de 12 millions d'habitants, en chiffres ronds également, ou la 50ᵉ partie. — En Tunisie, on peut estimer le nombre d'enfants indigènes instruits dans les Kouttabs et les écoles primaires françaises ou franco-arabes, à 25.000 environ (1), pour une population globale de 1.500.000 âmes, soit la 60ᵉ partie. Voici deux chiffres qui ne sont déjà pas si éloignés l'un de l'autre. Mais ils se rapprocheraient singulièrement si l'on pouvait établir le pourcentage des écoliers non plus par rapport à la population générale du pays, mais à sa population infantile, car cette dernière est sensiblement plus importante, toutes proportions gardées, en Égypte qu'en Tunisie.

Il ne faut pas, d'autre part, se laisser impressionner outre mesure par les chiffres. Celui de 165.587, qui représente le total des petits enfants des Kouttabs, imposant par lui-même, ne signifie pas grand'chose pour qui a vu de près le degré de l'instruction qui leur y est dispensée. De l'aveu même d'Artin Yacoub Pacha, ex sous-secrétaire d'État à l'instruction publique, que nous interrogions à ce sujet, l'extension qu'on a donnée aux Kouttabs depuis quelques années s'est faite, il faut le dire tout de suite, beaucoup plus en quantité qu'en qualité; or ce sont les *seules* auxquelles ait en réalité accès le peuple des cam-

(1) Organisation de l'enseignement primaire indigène. Communication de M. Lasram au Congrès colonial de Marseille.

pagnes, et, pour dire le vrai, s'il fallait borner ce chapitre
à ses limites strictes, l'instruction du FELLAH, la matière
en serait mince et la conclusion sommaire : on ne peut
donner le nom d'éducation populaire au simple ânone-
ment des versets du Coran dans un local presque toujours
sordide, et l'instruction, dans les classes rurales, est en
somme à peine développée en Égypte. Non plus qu'en
Algérie et en Tunisie, objectera-t-on. Sans doute, mais
on oublie trop souvent que l'Égypte s'est ouverte à la civilisation européenne il y a aujourd'hui plus de 80 ans,
sous la vigoureuse impulsion d'un homme de génie (1) ;
tandis que la France n'exerce son protectorat sur la Tunisie que depuis un quart de siècle, et qu'en Algérie nous
nous sommes trouvés en face, non d'un pays de plaines
pacifiques, aux frontières bien limitées, pourvu de grandes
richesses naturelles, et doté déjà d'un rudiment d'organisation administrative, en contact enfin traditionnellement
avec les états européens, mais aux prises avec une poussière de tribus de montagnards sauvages, nomades et
pauvres.

Négligeons donc, de part et d'autre, pour un second
calcul, la clientèle scolaire des Kouttabs, et voyons seulement la proportion des enfants élevés dans les véritables
établissements d'instruction. Admettons, comme on le fait
généralement, qu'il y ait en Tunisie environ 120.000 enfants pour 1.500.000 habitants, et en Egypte 1.000.000
pour 12.000.000 d'habitants (en réalité ici sensiblement
davantage en raison de l'accroissement de la population,

(1) *Dès 1816*, le Pacha (Mehemet Ali) envoya à Livourne,
Milan, Florence et Rome, de jeunes mamelucks qui devaient y
étudier l'art de la construction navale, l'art militaire, l'art de
l'ingénieur, l'imprimerie, etc. (*L'Instr. publique en Égypte.* Ar-
tin-Yacoul Pacha, 1889).

très rapide, que nous avons déjà signalé). Sur ces 120.000 enfants tunisiens, 3.000 reçoivent l'instruction, soit le 2.50 o/o ; sur le 1.000.000 d'enfants égyptiens, 60.000, soit le 6 o/o, mettons le 5 o/o en vertu du correctif ci-dessus, soit un peu plus du double (1). Ces chiffres sont loyaux. Ils sont naturellement tout en faveur de l'Égypte, et nous n'avons jamais prétendu le contraire ; mais ils n'en établissent pas moins péremptoirement ce fait que l'instruction n'est encore dispensée en Égypte qu'à une élite des plus restreintes et que la grosse masse de la population reste profondément ignorante. Ce fait saute d'ailleurs aux yeux du simple touriste qui parcourt l'Égypte en dehors des villes, et quand on examine de près cette classe sociale du fellah, qui est en réalité la véritable classe travailleuse, source de la richesse du pays, et non la classe bureaucratique et budgétivore, on ne peut nier que son instruction générale, s'il est possible d'appliquer une telle expression à l'intellectualité primitive de ces gens, ne soit inférieure en Égypte à ce qu'elle est en Tunisie.

Il est enfin assez plaisant pour des oreilles françaises d'entendre vanter, par une comparaison du reste exagérée, nous venons de le voir, avec nos colonies, l'œuvre accomplie en Egypte, quand cette œuvre est essentiellement

(1) Bernard Bey, inspecteur au Ministère de l'Instruction publique, nous avançait le chiffre de 3.000.000 d'enfants en Égypte. Si cela était vrai nous tomberions *à 8 o/o avec la clientèle des Kouttabs.* — En Turquie, un publiciste a donné le chiffre de 4 o/o lors de l'octroi récent de la Constitution. — D'après le recensement de 1897, écrit de son côté M. Eug. Aubin, 7 o/o de la population au-dessus de 7 ans saurait lire et écrire dans le Delta et la région du Caire, 4.07 dans la Haute-Égypte, 5.8 dans l'ensemble du pays... et plus loin : les 7/8 des établissements ne donnent que l'*instruction la plus élémentaire* (*Les Anglais aux Indes et en Égypte*).

d'inspiration française. Déjà en 1815 Jomard, ancien ingénieur de l'armée d'Orient et commissaire du gouvernement francais pour la publication des découvertes de l'Institut d'Egypte, concevait et exposait le plan « de lier à la France la terre classique des Pharaons en lui fournissant ses moyens d'instruction et de développement moral ». En 1826, Mehemet-Ali envoyait chez nous sa première mission d'étudiants. C'est un français, Clot-Bey, qui était appelé à diriger l'hôpital de Kasr-el-Aïni (1), fondé en 1829. « En 1834 », écrit Artin Yacoub Pacha, « le vice-roi entretenait à Paris plus de cent élèves, tandis qu'il n'en entretenait plus, ou presque plus, à cette date, ni en Italie, ni en Angleterre ». Cependant un autre français, M. de Serizy improvisait une flotte égyptienne ; un autre Français encore, M. de Selves, plus connu sous le nom de Soliman Pacha qu'il prit après s'être converti à l'islamisme, réorganisait l'armée ; des ingénieurs français jetaient les bases de l'œuvre des barrages que les Anglais ont reprise et magistralement développée par la suite (2)... Depuis lors, l'influence intellectuelle de la France n'a pas cessé de rayonner sur ce pays où notre culture, dans le sens que les Allemands donnent à ce mot, est aujourd'hui encore, et malgré tout, prédominante.

Ceci posé, il n'en est pas moins vrai que le développement de l'instruction en Égypte a marché rapidement au cours du xIXᵉ siècle, et qu'il a été spécialement, depuis une quinzaine d'années, l'objet assidu des préoccupations du gouvernement, des diverses colonies étrangères fixées dans le pays, et de la société indigène elle-même.

(1) Voir plus loin, chap. III.
(2) Voir plus haut, chap. Iᵉʳ.

Le gouvernement, suivant en cela la tradition inaugurée par Mehemet-Ali et ses successeurs Ibrahim-Pacha,
Ismaïl et Tewfik, a maintenu et développé un cadre d'instruction en quelque sorte extérieur et juxtaposé au pays :
c'est l'Instruction officielle, *à l'européenne*, dispensée par les
fonctionnaires du Ministère de l'instruction publique, et
pour laquelle les budgets de 1905, 1906, 1907 et 1908
indiquent les dépenses respectives de 149.000, 169.000,
374.000 et 450.000 L.E. (1). Cette instruction est destinée
plus spécialement aux enfants de villes et aux futurs fonctionnaires ; nous n'en ferons ici qu'un rapide exposé. C'est
celle-là surtout qui est connue et que l'on vante. — Les
missions religieuses, françaises (catholiques) et américaines
(protestantes) surtout, ont peu à peu étendu depuis 1840
un réseau d'écoles primaires et secondaires, dont quelques-
unes sont remarquables, et qui, fixées en partie dans des
centres urbains de second ordre, atteignent déjà plus directement la classe rurale. — Enfin, et ceci n'est pas le moins
intéressant, tout un mouvement se dessine depuis 4 ou 5
ans dans le monde indigène, qui aboutit d'une part à la
formation d'un état d'esprit et à l'application de méthodes
plus modernes dans la vieille université d'El Azhar, et
d'autre part à la création, par des sociétés de bienfaisance
ou des personnalités haut placées, les unes musulmanes,
les autres coptes, de nouvelles écoles, absolument privées,
où l'on s'efforce de répandre dans la masse populaire ce qui
n'était en somme jusqu'à présent que le privilège de quelques-uns. Nous disons que ce mouvement n'est pas le moins

(1) Dans ce chiffre, il y a 270.000 L.E., plus de 7 millions, pour
le personnel enseignant et les fonctionnaires du ministère au
Caire, à commencer, comme dans tous les services, par un ministre à 3000 L.E. (78.000 f.) doublé d'un « conseiller » à 2000
L.E. (52.000 fr.).

intéressant parce qu'il est tout à l'honneur, et du gouvernement dont il prouve l'absolu libéralisme en matière d'enseignement, et du nationalisme égyptien dont il est une des rares manifestations spontanées et vivantes. Il y a là des tentatives de « modernisme », dans le corps de doctrine des ulémas, dans leur organisation traditionnelle, et en même temps un élan de l'initiative privée, inattendu dans ce pays de la compression séculaire, qui méritent d'être relevés et suivis avec attention, d'autant plus qu'à ce mouvement la classe du fellah est pour la première fois intéressée, qu'à cet élan elle participe en une certaine mesure. C'est donc à les étudier que nous nous attacherons plus particulièrement.

L'histoire ancienne nous rapporte que du temps des Pharaons, les enfants apprenaient à lire et à écrire exclusivement pour entrer dans le corps des scribes ; l'histoire des temps modernes de l'Égypte nous révèle d'autre part que l'instruction publique resta dans les attributions du Ministère de la *Guerre* pendant plusieurs années, sous Mehemet-Ali, et qu'on enrégimentait alors le fellah pour l'école, comme pour l'armée. C'était une corvée à ajouter aux autres, qui était la « corvée d'instruction ». Ces souvenirs de deux époques très éloignées l'une de l'autre aident merveilleusement à saisir la conception bureaucratique et artificielle que le peuple égyptien s'est toujours faite de l'instruction, et dont il demeure quelque chose dans son enseignement officiel. Cet enseignement est un enseignement d'importation, et d'importation forcée. Il suffit d'en esquisser brièvement l'historique pour en marquer le caractère, que lord Cromer définissait ainsi dans son rapport de 1905 : « Ce système entier est exotique. Son objet est de dispenser aux Égyptiens une instruction européenne qui les rende aptes à exercer des fonctions publiques et des professions libérales. »

Entre 1824 et 1830, Mehemet-Ali fonde successivement 16 écoles spéciales : École de musique, école militaire, école de médecine et de pharmacie, école de chimie appliquée à l'industrie, écoles d'infanterie, de cavalerie, d'artillerie, de la marine, école vétérinaire, école des mines, école polytechnique, école d'agriculture, école de la maternité, école d'administration civile et de comptabilité, école des langues et de traduction, école des arts et métiers. — En 1837 il crée en outre 54 écoles primaires. Ces écoles, *entretenaient* 8 à 9000 élèves, tous, si paradoxal que cela puisse paraître, logés, nourris, blanchis, habillés, et même *payés* par l'État. Les élèves de ces écoles, par le hasard d'un second paradoxe, n'apprenaient pas l'arabe mais le turc. C'est qu'ils n'étaient pas des Égyptiens de race. Ces derniers n'étaient admis dans les écoles qu'à titre d'exception, toutes les places étant réservées aux esclaves blancs ou Mamelucks et aux fils des fonctionnaires ou officiers étrangers. A partir de 1836, on prit le parti d'introduire des jeunes enfants de sang égyptien, et on le fit dans les mêmes conditions que pour les autres, en les entretenant. « On ne pouvait procéder autrement », fait remarquer Artin Yacoub Pacha (1), « car l'antipathie que le fellah éprouvait pour la conscription militaire s'étendait à la conscription scolaire, si l'on peut s'exprimer ainsi, et malgré tous les avantages que l'on offrait aux parents, ils se montraient unanimement rebelles à en profiter. On eut alors recours à la coercition, à une véritable presse scolaire, et on remplit presque toutes les écoles d'enfants enlevés de force à leurs parents, et que l'on distribuait d'après leur âge, leur cons-

(1) *L'instruction publique en Égypte*, passim...

titution, leur taille, quitte, après, à les renvoyer, à les changer d'école, ou à les y conserver, selon leurs aptitudes spéciales ». La langue arabe devint alors langue d'enseignement. Dès 1841 la plupart de ces écoles avaient disparu.

Il faut arriver au Khédive Ismaïl, en 1863, pour retrouver la préoccupation d'établir un enseignement d'après les méthodes européennes. Un grand nombre des écoles, encore existantes aujourd'hui, ont été fondées sous son règne, mais l'idée dominante qui présida à leur fondation fut toujours de créer des fonctionnaires pour le besoin de l'État. On pensa donc, comme trente ans auparavant, que l'État devait supporter toutes les dépenses afférentes à ces écoles. Cependant les temps étaient bien changés. Les Égyptiens avait fini par apprécier les bienfaits de l'instruction donnée dans les écoles du gouvernement, et il n'était plus besoin d'employer la violence pour recruter les élèves ; au contraire, on était souvent obligé d'en refuser, faute de place, et de tous côtés on réclamait la création de nouvelles écoles. Malgré tout, la population était tellement habituée à l'idée que l'État devait donner l'instruction à tous les degrés sans qu'il en coutât rien aux parents, que personne ne songeait qu'il fût possible de faire payer aux élèves une rétribution quelconque. « On ne se rendait pas compte », nous disait à ce sujet Bernard-Bey, » que si l'État doit en effet à tous les citoyens, même aux plus pauvres, l'instruction élémentaire indispensable, il n'en est pas ainsi quand il s'agit de l'instruction réservée à quelques privilégiés appartenant généralement à la classe moyenne et à la classe riche, et qu'il n'est certainement pas équitable de faire supporter à la nation entière, c'est-à-dire à la masse des contribuables, les charges qu'impose cette instruction coûteuse accessible seulement à une partie infime de la population ».

Il y eut donc une seconde période, au cours de laquelle

l'instruction, de *payante* qu'elle était auparavant, devint *gratuite*, avant d'être *payée*. Cette troisième période, qui est celle du régime actuel, fut inaugurée sous le ministère de Riaz Pacha, sur l'initiative de l'inspecteur général Dor Bey. Le principe d'un paiement, pour frais d'entretien, à imposer aux élèves riches, fut inséré pour la première fois dans le règlement pour l'admission dans les écoles civiles du 5 février 1874, mais, « tel était l'état des esprits » nous disait encore à ce propos Bernard-Bey, « que ce règlement fut d'abord peu observé, et que la gratuité pendant longtemps encore fut la règle, et le paiement d'une rétribution scolaire l'exception. Ce n'est guère qu'à partir de 1885 que prévalut décidément le principe de faire payer les élèves, principe qui fut appliqué progressivement jusqu'à disparition complète, dans ces dernières années, de la gratuité dans les écoles du gouvernement. « En 1904 », écrivait Lord Cromer dans son rapport annuel, « l'instruction dans les écoles primaires n'est plus donnée gratuitement qu'à un seul élève. Dans les écoles secondaires, qu'à un seul élève également. » On se perd en conjectures sur les raisons qui maintiennent ces *deux seuls* élèves en dehors de règlements applicables à 7.527 enfants (1.033 pour les écoles secondaires et 6.494 pour les écoles primaires). Quant aux motifs pour lesquels le Gouvernement Anglo-Égyptien a cru devoir renoncer à l'enseignemet gratuit, ils ont leur valeur, et, le représentant de sa Gracieuse Majesté les exposait ainsi l'année suivante (1906), sous la rubrique : Plan général de l'enseignement en Egypte, de son rapport ou livre bleu.

« On nous représente comme nettement défavorables à tout ce qui approche d'une éducation au-dessus de l'élémentaire, et comme ne voulant aider en aucune manière les Égyptiens à pouvoir se dispenser graduellement de l'assistance européenne dans le pays. C'est une accusation indigne à l'égard de la patrie de lord Macaulay, dont on connaît les principes en la matière, appliqués sur la plus large échelle aux Indes il y a 70 ans. Le système de supprimer graduellement l'enseignement gratuit et d'élever progressivement le taux de rétribution scolaire dans les établissements gouvernementaux d'un rang supérieur aux Kouttabs trouve sa justification dans la nature même des écoles, non moins que dans le but qu'on y poursuit... Il a fallu pendant des années favoriser autant que possible l'avènement d'un grand nombre de fonctionnaires utiles à l'administration. L'instruction n'avait pas alors d'autre but, mais du moment qu'il était devenu possible de faire face aux besoins de l'Administration sans ces moyens factices, la chose n'était plus justifiable et devait être abandonnée. Le but final du Gouvernement serait donc d'amener la rétribution scolaire de tous les établissements d'enseignement européen au niveau approximatif des frais que coûte l'éducation dans ces établissements, de manière que les fonds qui leur sont aujourd'hui affectés puissent être consacrés au développement de l'autre instruction (celle des Kouttabs) au caractère plus national ».

« Aujourd'hui les parents d'un élève qui coûte 78 L. E. à l'État par an, ne contribuent que dans la mesure de 15 L. E. aux frais de son éducation, la différence, soit 63 L. E. étant supportée par la masse des contribuables. C'est l'équivalent de cette somme qu'il serait intéressant d'employer, non à former une classe mécontente d'individus semi-instruits et bientôt déclassés, mais au développement de l'éducation élémentaire indigène par la *réforme des Kouttabs* et *des écoles industrielles ou techniques* ».

« La suppression de l'éducation gratuite et l'élévation du taux de rétribution scolaire dans les établissements de système européen ne doivent donc pas être envisagées comme un mouvement de réaction, dirigé contre les intérêts véritables du pays, mais plutôt comme l'abolition d'un privilège qui avait jusque là absorbé tous les fonds affectés à l'instruction publique en vue de les utiliser pour une éducation plus foncièrement nationale et populaire ».

Ces vues de lord Cromer ont été ardemment combattues dans la presse indigène, dirigée précisément par des hommes issus de l'ancien état de choses. Elles nous paraissent à nous parfaitement justes.

Quoiqu'il en soit, voici, rapidement exposé, quel était en 1906 le schéma de cette éducation officielle :

32 écoles primaires placées sous la dépendance directe du Ministère de l'Instruction publique, avec 7.584 élèves, dont le 79 o/o musulmans (1).

20 établissements d'enseignement privé s'étant placés volontairement sous l'inspection du Ministère, avec 4.690 élèves. Aux examens d'études primaires de 1906, 3372 candidats s'étaient présentés, 904 seulement avaient été admis, ou le 27 o/o. De ces 904, 564 poursuivirent leurs études dans divers établissements gouvernementaux ou privés, 254 entrèrent au service du gouvernement dans des fonctions sans doute subalternes, **26** seulement trouvèrent à s'employer dans l'activité privée, et **100** demeurèrent sans emploi. Nous avons cru devoir relever en passant ces chiffres, qui ont leur signification.

Pour l'enseignement secondaire, 4 établissements. A l'exa-

(1) Cette proportion d'élèves musulmans s'accroît, mais assez lentement : 60 o/o en 1902, 62 o/o en 1903, 66 o/o en 1904. « Comme les musulmans forment les 93 o/o, de la population, il reste à leur communauté », écrivait alors lord Cromer, « un long chemin à parcourir pour atteindre, dans le progrès de l'éducation, le rang qui lui appartient... » Les choses ont donc peu changé depuis 1904.

men du certificat d'études secondaires, la proportion des candidats admis est plus élevée que pour l'enseignement primaire : 49 o/o. Le pourcentage des musulmans est en revanche encore moins élevé : 70 o/o. Sur les 360 sujets admis, 5 seulement seraient ici restés sans emploi.

Pour l'enseignement supérieur, l'école de Droit du Caire, l'école polytechnique de Ghizeh, l'école d'Arts et Métiers de Boulaq, l'école d'apprentissage de Mausourah, l'école de Médecine (1), et l'école d'Agriculture.

Dans toutes ces écoles primaires, secondaires, supérieures, le véhicule d'enseignement était *exclusivement* le *français* jusqu'en 1894. On y ajouta à cette époque l'anglais, que l'indigène apprend et retient d'ailleurs avec beaucoup moins de facilité. Mais savoir l'anglais c'est aujourd'hui remplir des conditions favorables pour s'ouvrir les portes des administrations de l'État, et dans un pays à tendances aussi fonctionnaristes, cela devait suffire à rallier aux « occupants provisoires » une foule de « bonnes volontés ». Au mois de janvier de l'année 1907, 11.000 enfants, d'après une statistique officielle, *étudiaient* l'anglais, comme principale langue, 214 seulement le français, environ 1.200 n'en étudiaient aucune.

La question de la langue à employer comme véhicule d'enseignement a fait couler pas mal d'encre en Égypte. Le parti nationaliste a reproché aux Anglais de développer à l'excès l'étude de leur langue. Reproche assez inattendu, puisque c'est un moyen pour les indigènes de se faciliter l'accès de ces grandes administrations où ils prétendent ne pas avoir encore toute la place à laquelle ils ont droit. Dans les écoles primaires supérieures, qui représentent le plus bas échelon de l'enseignement donné selon la méthode européenne,

(1) Voir le chapitre III.

toutes les études doivent être faites en arabe (à l'exception, toutefois, de langues anglaise et française, dont l'enseignement, dès le commencement et pendant toute la durée des cours, doit être graduellement donné dans ces langues elles-mêmes...) Mais dans les écoles secondaires et supérieures, l'enseignement est nécessairement donné en anglais *ou* en français. « Non seulement en effet les spécialistes arabes manquent, sachant se tenir au courant de tous les progrès scientifiques en Europe, mais encore il est impossible d'avoir une production de manuels scientifiques arabes réellement à jour. D'autre part la langue arabe ne se prête guère, par la pauvreté de sa phraséologie technique, la rigidité et la complexité de sa construction, aux études scientifiques... Enfin la classe n'est pas tout. A sa sortie de l'école, un professionnel doit, pour se tenir au courant, suivre dans les revues et les publications spéciales, tout ce qui paraît; or si l'idée du manuel technique en arabe est déjà irréalisable, celle du périodique dans le genre de ceux qui se publient en Europe est encore plus chimérique... » Ainsi s'exprime M. Dunlop, conseiller au Ministère de l'Instruction publique, dans un rapport spécial adressé à lord Cromer et annexé au dernier livre bleu publié par lui avant qu'il quittât l'Égypte (1906). « Aussi est-il assez singulier, ajoute le fonctionnaire britannique, que le mouvement tendant à la création d'une université destinée à élargir les ressources de la culture intellectuelle soit accompagné de demandes dont la réalisation aurait pour effet de réduire le champ de l'instruction, générale et spéciale, aux limites étroites de la langue arabe. Cette dernière n'est d'ailleurs pas sacrifiée. Huit heures par semaine lui sont consacrées pendant les quatre années d'études secondaires, et si c'est le mode d'enseigner les langues étrangères que l'on critique, on a tort, car le professorat de tous les pays tombe

aujourd'hui d'accord pour reconnaître que la méthode qui
consiste à apprendre une langue en la parlant ou en l'en-
tendant parler est très supérieure, et constitue le système
naturel du développement de l'intelligence. Et la question
qui se pose n'est pas de savoir si, dans un système purement national d'enseignement, une langue étrangère doit
servir d'organe pour l'instruction, mais plutôt de savoir si,
dans des écoles créées et maintenues avec le but spécial de
donner une instruction européenne en vue de certains
besoins, cette instruction doit être une réalité efficace ou
un simple simulacre ». Ce sont des idées assurément justes.

Au point de vue religieux, le principe de la laïcité absolue était, jusqu'à ces toutes dernières années rigoureuse-
ment observé dans les écoles du gouvernement. Il ne subsiste plus maintenant que dans les écoles secondaires et
supérieures. Dans les écoles primaires, une heure par jour
est consacrée à l'enseignement du Coran, et, à la même
heure un prêtre copte vient faire le catéchisme.

Le rôle de l'école d'Agriculture nous a paru effacé, son
organisation défectueuse. Lord Cromer lui-même n'en
parle qu'à peine dans ses rapports, comme d'une chose
qu'il vaut mieux passer sous silence, et s'il s'y arrête, c'est
pour regretter que sur un nombre d'élèves d'ailleurs relativement peu considérable, la moitié seulement soient des
égyptiens, et les 2/3 de cette moitié seulement musulmans. C'est aussi pour constater que les locaux assignés à
la ferme sont très mal conditionnés. C'est en effet l'impression que nous avons rapportée de notre visite à cet établissement, outre celle d'une subordination exagérée de la pratique à la théorie, et d'une direction générale médiocre.
Il faut dire que le directeur venait d'être nommé à ce poste.
En tous cas l'institution, se développant aux portes même

du Caire, et n'ayant que très peu d'éléments pratiques de la vie agricole à sa disposition, ne répond-elle que très imparfaitement à son but.

L'enseignement professionnel parait avoir reçu une impulsion plus ferme. L'école d'Arts et Métiers de Boulaq, fondée dès 1834, a été récemment agrandie, et complétée par la création en 1903 d'ateliers modèles, analogues à ceux qui fonctionnent d'ailleurs à Assiout. Recrutant ses élèves parmi les enfants de 14 à 16 ans munis du certificat d'études primaires, elle les garde cinq années, et leur inculque les connaissances pratiques et théoriques nécessaires pour l'exercice des professions suivantes :

Ajusteur, tourneur, mécanicien, fondeur, forgeron, chaudronnier.

Menuisier, modeleur, ébéniste, peintre, dessinateur, décorateur, graveur sur bois et cuivre.

La rétribution scolaire est de 16 L. E. par an pour les internes et de 8 L. E. pour les externes. Un certificat d'apprentissage est délivré en fin d'études, qui donne droit, dans de certaines conditions, et après une année supplémentaire d'application à l'école, à l'admission dans les ateliers de la traction des chemins de fer de l'État, et dans le service des télégraphes. L'école compte environ 450 élèves dont les 2/3 musulmans. Les apprentis qu'elle forme n'ont en général aucune difficulté à trouver de l'ouvrage.

L'atelier modèle n'ayant commencé à fonctionner qu'il y a quatre ans, sous la direction de Johnson Pacha, et la durée des travaux y étant précisément de ce laps de temps, il n'est guère possible d'apprécier encore ses résultats. On y enseigne les travaux métallurgiques de tous genres, la réparation et le montage des machines, la maroquinerie, la menuiserie, l'ameublement, la peinture murale. Les frais annuels montent à 4.000 L. E. L'atelier d'Assiout est encore plus récent (1904).

L'école d'apprentissage de Mausourah est analogue. Elle comptait seulement 69 apprentis en 1904, dont 45 non musulmans et 20 musulmans.

A côté de ces écoles, il est intéressant de signaler le système d'apprentissage à la « demi-journée » inauguré il y a très peu de temps par le Ministre de l'Instruction publique à titre d'essai, et qui consiste à faire travailler à un métier toute la matinée, ou tout l'après-midi, les élèves de certains Kouttabs du Gouvernement. En signalant cette tentative, à laquelle il applaudissait, lord Cromer ne laissait pas que de remarquer toutefois «· qu'elle a l'inconvénient d'amener un certain désordre dans les ateliers comme dans les Kouttabs mêmes ». Ces enfants ont été mis en apprentissage dans les ateliers de l'Imprimerie nationale, de l'Arsenal et du Ministère de la Guerre.

Inutile d'ajouter que la décadence de métiers indigènes se fait sentir encore davantage en Egypte qu'en Tunisie et en Algérie. Le gouvernement anglais n'a pas manqué de s'en préoccuper. Lord Cromer écrit ceci : « Filage, tissage, teinturerie, industrie de la soie, maroquinerie, une quantité de métiers et d'arts indigènes tombent chaque jour un peu plus. On peut dire qu'à moins de voir se restreindre progressivement la sphère des travaux manuels des Égyptiens indigènes, et cela au prix de beaucoup de souffrances, il devient essentiel, devant l'invasion des méthodes et procédés européens, de faire de vigoureux efforts : Il faut que le travail indigène, tant sous le rapport de sa qualité que de son importance, puisse s'élever au niveau du travail européen».

Sous l'empire de ces préoccupations, M. Dunlop a fait appel il y a deux ans à un expert éminent, paraît-il, M.

Sydney Wells, directeur de l'Institut polytechnique de Battersea à Londres, pour examiner la question dans son ensemble, et tracer le plan d'après lequel il conviendrait de développer l'enseignement professionnel en Egypte. Il serait intéressant et facile de se procurer le rapport de M. Wells que nous n'avons pas eu l'occasion d'avoir entre les mains. Pendant ce temps, M. Dunlop lui-même était convié à étudier l'organisation du célèbre institut Casanova, de Naples, fondé en 1884, par un habitant de cette ville qui lui a laissé son nom, dans le but d'offrir une éducation à la fois morale et technique à la classe la plus pauvre de la population. Nous nous permettons d'appeler en passant l'attention sur cet établissement, dont le trait particulier consiste en ce que les ateliers en sont occupés, non par des employés salariés, mais par des professionnels privés qui travaillent pour leur propre compte. On s'efforce toujours de ne laisser occuper les ateliers que par des artisans du plus grand mérite. C'est ainsi que ces ateliers ont conquis et conservent une grande réputation. Ils sont accessibles au public et bien achalandés. L'apprenti n'y reçoit aucun salaire durant les trois années de son apprentissage. Le taux de rémunération est ensuite fixé par le directeur, de concert avec le patron, et est versé au directeur pour être déposé dans la caisse d'épargne scolaire. Les économies ainsi déposées ne peuvent être retirées que par les parents ou le tuteur de l'apprenti.

En regard de ces tentatives heureuses du gouvernement dans le sens d'un développement de l'enseignement professionnel, il faut noter ses efforts, beaucoup moins couronnés de succès, pour former, dans ses écoles normales, le personnel nécessaires a ses établissements d'enseignement primaire et secondaire. Lord Cromer y insistait dans chacun de ses rapports, et quand il signale en 1905, la grande proportion d'instituteurs non formés qui professent dans

les écoles gouvernementales ; 40 o/o d'entre eux seulement possédant le certificat d'aptitude au professorat, et
la bizarre nécessité où l'on s'est trouvé de créer de divers
côtés des cours supplémentaires de pédagogie où ces maîtres
d'une espèce spéciale vont apprendre la veille ce qu'ils
enseigneront le lendemain, on se prend à douter quelque
peu de la réelle valeur de cet enseignement primaire et
secondaire qui, sur le papier, a fait à l'Égypte sa réputation
de nation éclairée dans tout le monde musulman....

Avant de dire un mot de l'enseignement libre, nous
mentionnerons en dernier lieu, comme dépendant de l'enseignement officiel, la Bibliothèque Khédiviale, dont la
création et l'organisation font le plus grand honneur à
l'Égypte, mais n'intéressent plus que de très loin le sujet de
cette étude. Magnifiquement installée au centre de la ville,
elle est visitée par une moyenne de 40 lecteurs par jour,
la plupart égyptiens. Elle possède des manuscrits turcs et
arabes de la plus grande valeur. Son budget est de 8.650 L E.
(plus de 200.000 f.) par an. Son directeur est traditionnellement un allemand.

On connait enfin, par le bruit que la presse égyptienne
a mené autour d'eux, le projet de création d'une administration des Beaux arts, et celui, à peine plus rationnel,
d'une Université Égyptienne, auquel le parti nationaliste
attachait l'an dernier une importance hors de proportion,
selon nous, avec le résultat qu'il est permis d'en attendre (1).

§ 2.

Sur les 70.000 enfants égyptiens recevant l'instruction
(exactement 70.455 d'après les dernières statistiques), un

(1) Cette Université a été inauguré il y a quinze jours (30
Décembre 1908).

peu plus de 12.000, soit le 6e, relèvent des établissements de l'État, qui dispose pour les élever d'une soixantaine d'écoles. C'est l'enseignement officiel, que nous avons qualifié d'enseignement à l'européenne. Quant à l'enseignement libre, il est l'œuvre soit des étrangers, soit des sociétés ou de riches particuliers indigènes.

Les Européens et Américains ont en Égypte plus de 300 écoles, fréquentées par plus de 40.000 élèves. C'est assez dire l'importance de leur enseignement, si l'on remarque surtout qu'ils disposent en général d'un personnel mieux formé et plus capable, et étendent davantage leur action dans les petits centres, sans toutefois aller, ou très rarement, jusqu'aux campagnes proprement dites. Le premier rang y est occupé par les missions protestantes américaines, en ce qui concerne le nombre des écoles : 120 pour 10.069 élèves ; par les missions catholiques françaises, si l'on s'en rapporte au nombre des élèves : 14.785 dans 85 écoles. Les autres nations dans l'ordre suivant :

Italiens	. . . .	5.652	élèves dans	35	écoles.
Grecs	. . . .	5.481	—	29	—
Anglais	. . . .	2.034	—	20	—
Autrichiens	. . .	1.331	—	9	—
Allemands	. . .	679	—	4	—
Russes	. . . .	450	—	1	—
Hollandais	. . .	178	—	2	—

Il ne saurait entrer dans le cadre de cette étude de détailler les modalités très diverses qu'affectent tous ces établissements ; il y aurait matière à un volume si l'on voulait suivre la genèse de leur création dans le pays, (1) le caractère

_____

(1) *Dès 1840,* dans un travail qu'il adressait à lord Palmerston,

particulier de chaque groupe, les programmes adoptés, les méthodes suivies, la clientèle recherchée par chacun d'eux, la coopération de chacun d'eux à l'œuvre générale de l'éducation nationale.

Ce qu'il est permis — ce qu'il est du devoir — de relever pour un Français, c'est le rôle primordial que jouent là les ordres religieux placés séculairement sous notre protectorat. Le mode d'enseignement des Frères des Écoles chrétiennes en particulier fait l'étonnement admiratif des fonctionnaires anglais, qui le déclarent très supérieur à tout autre (conversation avec Mr Elgood). On sait que dans la circonscription consulaire du Caire, par exemple, ils n'ont pas moins de 14 écoles, recevant près de 3.000 enfants, de toutes races et de toutes religions : catholiques (1600) orthodoxes ou grégoriens (700) musulmans (200) et même israélites (300). Dans celles d'Alexandrie, 2.500 enfants, les 2/5 non payants, et où la proportion est, d'après des statistiques que nous avons sous les yeux, émanant de notre consulat, de 1.060 musulmans pour 143 Français seulement, 262 anglo-maltais, 74 autrichiens, 330 grecs, 433 italiens, le reste appartenant à des confessions diverses. Nous avons tenu à nous rendre personnellement dans les petites villes de Minieh et de Mellaoui, aux points les plus éloignés de leurs établissements dans la Haute-Égypte, et les mettant le plus en contact avec les campagnes. Nous avons trouvé, dans des locaux sans doute modestes, des hommes de cœur et de travail attelés à une besogne assez ingrate, mais qui ralliaient, on le sentait, toutes les sympathies des indigènes autour d'eux; au plus grand profit de notre langue et du

Sir John Bowing estimait à 15.000 le nombre des enfants recevant l'instruction dans les divers établissements religieux du pays, outre 5.000 au Caire même (Artin-Yacoub, op. cit. p. 157).

8

rayonnement de notre influence. Nous en dirons autant
des écoles entretenues par les Jésuites dans la région de
Minieh également. Les Jésuites ont fondé 45 écoles dans
les trois moudiriehs de la Haute Égypte, et la plupart
d'entre elles dans les villages, où ils exercent, nous a-t-on
dit, une action très pénétrante sur les fellahs, sans faire d'ailleurs de propagande religieuse à proprement parler. Le chef
de cette mission, le père Rolland, fixé depuis un quart de
siècle à Minieh, y est une figure très populaire. Nous avons
pu nous en rendre compte en circulant avec lui dans la
ville. Ses prédications en arabe, à la portée des esprits les
plus simples, sa charité, son activité infatigable, qui le pro-
mènent des semaines entières de gourbi en gourbi, pour
porter des médicaments ou surveiller des petites écoles,
donnent à ce représentant d'un ordre religieux plutôt élégant et mondain une physionomie assez inattendue et des
plus sympathiques. Les Jésuites ont d'autre part environ 2500
élèves dans la circonscription du Caire et 200 au Collège
Saint-François-Xavier d'Alexandrie.

Faut-il rappeler les Pères de Terre Sainte, les Pères
des Missions Africaines, les Sœurs de Saint-Vincent-de-
Paul et leurs orphelinats, les Sœurs de la Délivrande, du
Sacré-Cœur, de Saint-Joseph, de la Mère de Dieu, du Bon-
Pasteur, des dames de Sion ; et à côté de ces établissements
religieux, les établissements laïques, le lycée français, le
collège Esnault, du Caire, l'école du Fayoum, les 45 écoles
laïques de la circonscription d'Alexandrie, et l'école de
l'Alliance israélite à Tantah. Côte-à-côte avec ces établissements catholiques, ou ceux des missions protestantes,
les nombreuses écoles créées depuis quelques années par
l'initiative privée indigène, copte ou musulmane. De sorte
qu'encore une fois l'on ne sait, dans ce pays déconcertant,
de quoi s'étonner davantage, du libéralisme des pouvoirs

officiels, ou de cette émulation bienfaisante qui porte vers l'instruction toutes les classes, toutes les races, toutes les confessions en Égypte. En sortant d'une école catholique française, on peut entrer trois pas plus loin dans une école italienne, tenue par des franciscains, ou en face, dans une école copte, ou américaine protestante, ou dans une école musulmane, pour l'installation de laquelle on n'apprendra pas sans surprise qu'un indigène a donné spontanément et d'un seul coup 10 ou 20.000 L. E.

C'est ici le lieu de parler de ces sociétés indigènes qui se sont créées en Égypte depuis 10 ans environ, dans le but de développer l'instruction et aussi les institutions de bienfaisance. Les plus connues sont : la société *Orwa-el-Woska*, qui a 2.500 élèves, tous musulmans, dans le gouvernorat d'Alexandrie ; la société *Massaï el Mashkoura* qui en a un millier dans la province de Menoufieh ; la Musulmane Benevolent Society, répandue un peu partout ; la Coptic Benevolent Society ; les Private Coptic schools, agissant spécialement dans la Haute-Égypte où la communauté copte est plus nombreuse et plus unie, enfin les écoles dépendant des wakfs (Habous égyptiens) et notamment les trois écoles professionnelles subventionnées par cette administration, à Alexandrie, à Beni-Souef, et à Dammamour, cette dernière d'un caractère plutôt agricole : les enfants y apprennent à faire des charrues, ce qui est un essai unique et tout nouveau dans le pays.

Nous avons visité à Alexandrie l'école d'Arts et Métiers Mohammed Ali, ouverte depuis deux ans. C'est un magnifique établissement qui aurait sa place dans nos villes européennes les mieux outillées. Il est même permis de se demander si l'on n'a pas fait trop grand et trop beau, pour frapper l'esprit de ceux qui restent sceptiques devant les efforts, que nous jugeons pour notre part très méritoires,

de la société musulmane en vue de sortir de sa léthargie.
Cette vaste construction s'étend sur un périmètre de 4.500
mq., dans la partie la plus élevée et la plus saine d'une
ville qui n'est guère ni l'un ni l'autre. C'est un quadrilatère
de 50 m. sur 80 m. entouré de larges espaces. 4 grands
hangars ont été aménagés, pour servir d'ateliers, deux magasins, 8 salles d'étude, 3 pièces pour la direction de l'école,
une salle à manger de 8 mètres de large sur 22 mètres de
long, une salle de dessin de mêmes dimensions. Au S. E.
la mosquée de l'école. A l'Ouest, séparées du bâtiment
central, comme la mosquée, une infirmerie et une pharmacie. Une souscription ouverte n'a donné, dit le compte-rendu d'ouverture de l'école, *que* 10.500 L. E. Aussi le Conseil d'Administration a-t-il fait appel à la générosité du gouvernement, qui a accordé 6.000 L. E. pour achever la
construction et acheter les outils ou appareils nécessaires.
Il y a une section de travaux mécaniques (forge, ajustage,
etc...), une section de travail du bois (charpenterie et
menuiserie) une autre de ferblanterie et plomberie, une de
sellerie et cordonnerie, une de confection d'habillements.
Les dépenses présumées, car l'école commence à peine de
fonctionner normalement, sont de 3.000 L. E. en chiffres
ronds. On pense y faire face avec une rente de 700 L. E.
provenant de 100 feddans de terrain légués par un pacha,
avec 500 L. E. produit de la vente d'objets fabriqués aux
ateliers, et avec... une subvention annuelle de la municipalité
et une autre du Gouvernement, qui ne sont pas encore,
autant que nous sachions, acquises à titre définitif. La durée
totale des cours est fixée à 4 ans. On a admis 75 élèves la
première année. Le nombre devait être augmenté jusqu'à
concurrence de 300.

Nous avons passé en revue, aussi rapidement que possible, les diverses manifestations de l'initiative privée,

étrangère ou locale, en matière d'éducation. Rappelons en terminant que ces manifestations, si intéressantes qu'elles soient à divers titres, encourrent cependant presque toutes le reproche de développer dans le pays une instruction insuffisamment pratique, et insuffisamment populaire. Le reproche, nous le trouvons formulé dans les termes les plus justes et les plus modérés sous la plume de lord Cromer : « il est certain » écrit-il dans un de ses rapports « que la multiplication des établissements privés est satisfaisante en ce sens qu'elle témoigne d'un désir croissant d'instruction de la part de la population. Mais c'est un sujet de regret pour moi de voir l'initiative privée se borner à instituer des organismes d'instruction calqués sur le système gouvernemental, au lieu de s'attacher à satisfaire aux besoins du pays dans des branches que ne peut encore embrasser l'activité de l'État. Le système des écoles primaires du Gouvernement est destiné à dispenser une instruction européenne, et le nombre d'écoles déjà établies suffit amplement à répondre aux besoins du pays dans cette branche particulière de l'éducation. Si les capitaux et l'énergie absorbés par les écoles privées d'enseignement européen pouvaient se transformer en un effort unique tendant à développer l'enseignement indigène, qui est *très en retard*, il en résulterait certainement un immense avantage pour le pays... indépendamment des besoins auxquels satisfait le système gouvernemental d'écoles européennes, *lequel ne s'applique évidemment qu'à une fraction minime de la population*, trois ordres de besoin se font sentir. Il faudrait en Égypte :

1° Dans chaque village ou quartier de ville, un bon Kouttab.

2° Dans chacune des villes principales de province, des écoles d'enseignement indigène d'un niveau un peu plus élevé que celui des Kouttabs.

3° L'introduction, dans ces écoles, de sections industrielles, et de travaux d'apprentissage.

C'est dans ce sens surtout que l'initiative privée pourrait
rendre les services les plus efficaces, et c'est dans ce but
qu'il faudrait élever le prix de toutes les écoles du gouvernement, qui aurait ainsi les sommes d'argent nécessaires
à « l'éducation vraiment nationale (1) ». « Au reste », ajoute
assez mélancoliquement le ministre d'Angleterre, « je ne me
livre à ces réflexions que parce que je suis entièrement convaincu de leur justesse. Mais l'ambition d'assurer à l'enfant les avantages d'une éducation européenne, sans égard
pour la carrière qu'il devra suivre un jour, est tellement
enracinée dans l'esprit d'un grand nombre des habitants de
ce pays que je n'ai que peu d'espoir de voir les conseils
que je me permets d'offrir suivis auprès d'eux de quelque
effet ».

Le Gouvernement, lui, a tenté quelque chose dans la
voie que lord Cromer indiquait aux initiatives privées, il a
entrevu la nécessité d'infuser un esprit plus moderne dans
l'université d'El Azhar, d'utiliser plus rationnellement le
corps des cadis, des cheikhs, et des fikhis, de transformer
progressivement les vieux Kouttabs. C'est là ce qu'il nous
reste à faire connaître.

§ 3ᵉ

La seule instruction réellement nationale et populaire en
Égypte est celle que dispensent la mosquée d'El Azhar et
les écoles coraniques. Or elle est de très peu de valeur, en
raison des formes religieuses qui l'enserrent ici, comme
dans tout l'Islam. Il est sans doute superflu de rappeler

(1) Voir plus haut.

que l'école musulmane était, dès les premiers temps, presque toujours annexée à une mosquée ; que plus tard elle
fut généralement constituée en wakf (habous), en même
temps qu'un hôpital dépendant de la mosquée et la mosquée même, par quelque pieux personnage, et que la lecture et l'explication du Coran, le livre par excellence,
constituent depuis treize siècles la seule base de son enseignement. Dans certains centres s'élevèrent, au cours de
cette longue période, des mosquées plus magnifiques, se
créèrent des wakfs plus importants, se fondèrent des sortes
d'universités analogues à notre Sorbonne du Moyen-Age,
où s'enseignait la loi canonique — qui était en même temps
la loi civile, — la théologie et la jurisprudence, deux sciences
essentielles aux yeux de tout bon musulman, la grammaire,
et la dialectique. On sait le rôle que joua en Tunisie, sous
Okba, Kairouan, où professaient des maîtres illustres venus
de Koufa et de Bassorah. En Égypte ce rôle fut tenu par
la mosquée d'Amrou, dès la prise d'Alexandrie en 640,
puis par la mosquée d'Ibn-Touloum, au IXᵉ siècle, enfin
par El Azhar (la Fleurie) construite du temps des premiers
Khalifes Fatimites d'Égypte, vers 975. La visite d'El Azhar
procure encore aujourd'hui au touriste le plus indifférent
une impression saisissante (1).

Cette impression est double et contradictoire. En même
temps qu'on se sent là en présence d'un foyer national
intense, et très ancien, on est frappé du caractère univer-
sel, nous allions dire de la « catholicité » qui se dégage de
ces magnifiques portiques où se pressent « dès la première
heure de l'aube et fort avant dans la nuit, des étudiants

(1) On sait que les Européens sont admis dans toutes les mosquées du Caire, sous la seule condition de n'y pénétrer qu'avec
des babouches qu'on lace sur vos chaussures à l'entrée, moyennant un léger « bakchiche », tarifé administrativement.

égyptiens, algériens, tunisiens, marocains, tripolitains, soudanais, syriens, turcs, arabes, afghans, indous, javanais, avides de recevoir l'enseignement qui leur est distribué par plusieurs centaines de professeurs, dans toutes les sciences dont se compose encore, presque sans changement depuis le temps d'Ibn Khaldoun, l'encyclopédie islamique (1) ».
Quant au caractère national de l'Université d'El Azhar, il tient à plusieurs causes dont la première est puisée à ses origines mêmes. Elle fut pendant deux siècles à partir de sa fondation le rempart des Khalifes Fatimites, du rite shaféite, contre la puissance des Khalifes abassides de Bagdad du rite schiite, et l'âpreté des controverses religieuses dont elle était le centre en fit à cette époque comme une citadelle « protestante » au milieu de l'Islam. Plus tard ce n'est plus à la défense d'une secte qu'elle s'attacha, mais au maintien de l'intégrité de la langue arabe, menacée par les ferments dissolvants que ne pouvaient manquer de développer et la conquête turque, et la décadence dans laquelle sombraient les Etats barbaresques après que les Maures eurent été chassés d'Espagne.

Et pour préserver cette langue et cette religion que les Arabes avaient répandues, elle les encadra, les cristallisa, les revêtit de formules immuables et sacrées dont elle se constitua la gardienne. La seule gardienne même pendant longtemps, car d'après le rite chaféite il ne saurait y avoir dans chaque ville qu'un seul lieu où il soit loisible aux fidèles de se réunir le vendredi pour la prière, de sorte qu'il n'y eut pendant des siècles au Caire à proprement parler qu'*une mosquée* (gama, djemaa-réunion), El Azhar, les autres mosquées, actuellement baptisées de ce nom,

(1) Arminjon. L'enseignement, la doctrine et la vie, dans les Universités musulmanes d'Egypte.

étant alors simplement appelées collèges (medressehs) ou couvents (ribats-zaouiak-kankeh) ou ne servant guère que d'*oratoires*, pour employer un mot usité dans l'église chrétienne. Ainsi se maintint à travers toutes les vicissitudes du monde musulman le renom de la grande université égyptienne, qui pourra bientôt célébrer son millénaire (1).

A-t-elle beaucoup évolué depuis ce millier d'années ? Pour ainsi dire pas. C'est précisément ce qui fait à l'heure actuelle sa faiblesse, de n'être plus, malgré son très glorieux passé, qu'un organisme sans vie. On n'attend pas de nous de détailler ici cet organisme, mais on ne saurait trop conseiller à ceux qui voudraient le connaître la lecture de l'ouvrage de M. Arminjon que nous avons cité en note, et auquel nous nous contenterons d'emprunter les quelques notions essentielles qui suivent.

El Azhar est exclusivement « le conservatoire de la doctrine islamique (2). » Cette doctrine est un bloc intangible, et cela, quoi qu'on en ait dit, depuis un temps relativement court. Les deux sources primitives sont le Coran lui-même et la Suma, d'où dérivèrent les travaux des juristes des premiers siècles de l'hégire, pour aboutir à l'œu-

(1) Il y a en Egypte d'autres universités analogues à El Azhar : à Tantah, centre de commerce très important où des sortes de foires religieuses annuelles attirent parfois jusqu'à 2.000.000 de personnes ; à Dessouk ; à Damiette (mosquée el Bahar et Matbouli), mais outre qu'elles n'offrent dans leur enseignement aucun caractère particulier qui les distingue, elles sont, depuis les ordonnances khédiviales de 1895 et de 1896, étroitement subordonnées à El Azhar et forment avec elle comme une communauté. On doit noter en revanche l'absence totale en Egypte de *zaouias* dans le genre de celles qui sillonnent le sud de notre Maghreb et dont M. Jean Pommerol nous a donné dans son livre, *Ceux qui guettent,* une description si colorée. Les Senoussi et les Khadrya ne semblent pas s'y être ramifiés.

(2) Extrait d'un discours du Khédive en 1905.

vre grandiose des 4 imans, chefs des 4 rites. Alors se manifeste — pendant deux siècles — l'effort législatif, des *moutjaheddin* (1), dont le rôle a consisté à choisir entre les opinions dissidentes, à concilier les divergences contradictoires en apparence seulement, à résoudre les cas douteux par analogie. Puis vient une période de scolastique obscure à laquelle succède, vers le XVIe siècle, une renaissance des études juridiques : le nom de Soliman II, le Justinien ottoman, illustre cette période, d'où sortirent une quantité de *fetoua*, ou consultations, qui, sans rien innover bien entendu, compliquèrent à l'infini le réseau des interprétations de la pure doctrine, si bien que leur accumulation réduisit chaque jour la sphère, déjà fort étroite, des questions légales laissées à la disposition des juristes, et que leur rôle se limita de plus en plus à une connaissance exacte de toutes les opinions émises et de tous les précédents acquis. Cette fois, on n'était plus en présence que d'une machine, et la période stérile et vide qui s'est ouverte il y a 2 ou 3 siècles n'est pas encore close.

La décadence se manifesta à la fois par l'arrêt de toute pensée originale et par l'absence de tout travail personnel. Théorique, livresque et passif, tels sont les traits les plus apparents de l'enseignement d'El Azhar, où même aucune place n'est plus réservée à l'argumentation, si en honneur dans nos universités occidentales au Moyen-Age. D'autre part les notions exprimées en un texte que son ancienneté rend vénérables sont présentées comme autant de vérités complètes, définitives, en quelque sorte détachées du temps, isolées dans l'espace. Et cet enseignement dure 12 ans!

(1) « L'*idjtihar*, littéralement « effort intense » est la mise en œuvre de la méthode juridique islamique traditionnelle en vue de puiser aux sources de la doctrine révélée les règles propres à diriger la conduite des hommes. »

Avec, à la base, 3 ou 4 années de grammaire, et de notions de théologie et de fikh (droit), puis 3 ou 4 autres années consacrées au fikh, à la logique, à la rhétorique; enfin les 4 dernières aux sources du droit (oussoul al fikh) aux hadis, à l'exégèse coranique (tafsir al Coran). Au bout de ces douze années, l'étudiant est prêt pour faire un cheikh, un fikh, un mufti, ou un Cadi. Le fikh étant l'instituteur des Kouttabs, c'est assez dire ce que pourra représenter cet enseignement au point de vue de nos idées modernes.

Ce très court tableau tracé, de l'esprit qui règne à El Azhar, et tout le côté pittoresque de ce très curieux microcosme ayant été volontairement négligé, il est intéressant de mentionner les efforts qui ont été tentés pour le régénérer. Le Khédive Mehemet Ali, auquel on se reporte toujours dès qu'il s'agit d'une réforme quelconque en Égypte, ne paraît pas s'être soucié du côté moral, pour ainsi dire, des réformes à introduire à El Azhar, mais à partir de 1810, il résolut de réviser les finances et de régulariser l'administration des nombreux wakfs de la Grande Mosquée, ce qui souleva d'ailleurs à l'époque de violentes protestations dans le corps des Ulémas. On ramena aux domaines de l'Etat les biens d'El Azhar et de ses dépendances, et le Vice-Roi s'engagea à leur servir une rente annuelle (1). Il tint, d'autre part, à désigner personnellement le grand Cheikh, qui depuis le xviiie siècle dirigeait la mosquée (2). Ismaïl fit davantage dans cette voie, en décidant que ce grand Cheikh, jadis inamovible, serait désormais révocable *ad nutum*, et en obligeant, au début de 1872, les candidats professeurs à subir un examen de

(1) La plus-value énorme des biens ainsi nationalisés est devenue une grande source de richesse pour l'Etat.
(2) Jusqu'au xviiie siècle, il n'y avait pas de grand Cheikh, mais seulement les quatre cheikhs des quatre rites.

capacité. Allant plus loin encore, le Khédive actuel édicta, de 1895 à 1900, une série d'ordonnances, à certaines desquelles il a été fait allusion plus haut, et qui soumirent toutes les mosquées universitaires d'Égypte à une autorité centrale commune, instituée à El Azhar, pourvue du pouvoir réglementaire, et guidée elle-même par un code, clair, précis, minutieux, de principes généraux et de règles pratiques, les uns et les autres destinés à fortifier la direction, à rétablir la discipline et la régularité des études suivant d'anciens usages longtemps négligés. En même temps, au point de vue matériel, les bâtiments étaient restaurés conformément aux lois de l'esthétique et de l'hygiène (1). C'est en 1895 également qu'on institua à El Azhar des cours de sciences, d'histoire et de géographie, qui restèrent d'ailleurs facultatifs et ne furent jamais sanctionnés par un examen. Ils sont professés par des maîtres étrangers au corps professoral ordinaire d'El Azhar.

Tout récemment enfin, le 25 février 1907, était promulguée une loi créant une école de cadis, dans le double but de régulariser le recrutement des cadis, muftis, et membres

(1) On sait qu'El Azhar est une sorte d' « hostellerie » en même temps qu'un lieu de prière et d'étude. Sur 10.000 étudiants, divisés en 12 riouaks ou sections que distinguent les rites ou les provinces, 4.000 sont logés. On y fait aussi d'énormes distributions de pain (14.000 pains par jour) dont profitent, aussi bien que les élèves, les professeurs, au nombre de 250 environ. Et pourtant le revenu d'El Azhar n'est que de 375.000 fr. représenté par les revenus des wakfs et les subventions du Ministère. Le grand Cheikh touche 1840 fr. (71 L. E.) par mois, plus le revenu de 400 feddans de terrain et 75 pains par jour. Mais professeurs et étudiants vivent beaucoup par les « à côtés » : ils sont cadis, ou imans, ou professeurs dans une école gouvernementale, pour les premiers ; les seconds font quelque négoce, ou donnent des leçons particulières, ou récitent le Coran dans les maisons pieuses les jours de fête. Et puis on s'entr'aide beaucoup.

des Mekhemets chariehs et de donner à leurs connaissances une base plus étendue et plus rationnelle. Elle marque une date, en ce sens que faisant dépendre l'école des cadis à la fois d'El Azhar et du Ministère de l'Instruction publique, elle a pour la première fois établi un lien entre deux administrations qui s'étaient jusqu'alors complètement et volontairement ignorées. Et le 5 mars de l'année courante (1908) le Conseil des Ministres en sanctionnait une autre, établissant le statut définitif d'El Azhar elle-même et des « écoles religieuses musulmanes et similaires ». La promulgation de cette loi a pris les proportions d'un petit évènement dans le monde universitaire et intellectuel des Égyptiens. Elle délimite dans un premier chapitre les droits, fonctions, et prérogatives du grand Cheikh, et institue par le second un conseil supérieur composé du grand Cheikh comme président, du grand Mufti d'Egypte, du Cheikh des Malekites, du Cheikh des Hanefites, du Cheikh des Hanbalites, d'Ahmed Chefik Pacha, chef du Cabinet arabe du Khédiwe, et de Hussein Rouchdi Pacha, directeur général des wakfs, comme membres, avec pouvoirs.

1° d'établir le budget général des écoles religieuses ;

2° d'approuver, après étude, leurs règlements intérieurs ;

3° d'approuver, après étude également, les nominations et les promotions de professeurs.

Le chapitre III créé en outre des Conseils administratifs locaux, à El Azhar et dans ses dépendances, pour préparer le travail du Conseil suprême.

Le titre II de la loi en question délimite les matières d'enseignement d'El Azhar : science religieuse, philologie arabe, mathématiques « et autres études rationnelles qui ne portent pas atteinte à la foi, à spécifier par décision du Conseil supérieur ». Il y aura désormais à El Azhar, comme ailleurs, trois degrés d'instruction : élémentaire, secondaire, supérieur. Les époques et matières d'examen, la délivrance des diplômes sont réglés par des textes précis (1).

Le titre III autorise les Conseils, administratifs et supérieur, à :

1° Confier l'enseignement de certaines matières à des personnes choisies parmi les savants auxquels leurs fonctions ou leur temps ne permettent pas de se consacrer exclusivement au professorat;

2° A charger les sommités scientifiques de faire des cours supérieurs permettant aux nouveaux diplomés d'élargir le cercle de leurs connaissances;

3° A appeler au professorat, en cas de besoin, des ulémas qui n'auraient pas été choisis;

4° A autoriser à professer à El Azhar les savants étrangers, s'ils jouissent d'une grande réputation justifiée par leur profonde érudition dans toutes les matières fixées au programme des études.

L'article 34 du titre IV est à relever. Voici son texte : Le Conseil supérieur *élaborera, en se conformant aux volontés des législateurs, un régime pour le parfait fonctionnement des Kouttabs,* relevant d'El Azhar, ainsi que des autres écoles religieuses musulmanes.

Le promoteur du mouvement réformiste que nous venons d'esquisser est un homme dont le nom a passé les frontières d'Égypte et qui est bien connu en Tunisie dans les milieux indigènes éclairés. Nous voulons parler du Cheikh Mohammed Abdou. Sa personnalité si curieusement

---

(1) Il ne faut pas oublier que jusqu'à ces dernières années, les ulémas étaient encore choisis par l'acclamation des étudiants, et pour leur subtilité dans la controverse, comme chez nous au Moyen-Age.

marquée de « moderniste » musulman mériterait une étude à part que nous aurions été tenté d'entreprendre si nous n'avions été limité par le temps. Elle a eu une grande influence, à un moment donné, sur beaucoup d'Égyptiens, et lord Cromer a insisté à plusieurs reprises sur le devenir que portaient en elles ses théories généreuses. Saad Pacha Zagloul, ministre actuel de l'instruction publique, et inspirateur de la récente loi dont il vient d'être parlé, est un de ses élèves, mais on prétend qu'il a plutôt hérité de la bonne volonté de son maître que de la hauteur de ses vues. Il faut avouer que le problème dont le Cheikh Abdou avait rêvé la solution, conciliation du dogme musulman avec les données de l'esprit moderne, est un des plus ardus qui se puissent concevoir. On voit à quelles difficultés se heurtent, dans un autre milieu, nous voulons parler de Rome, les catholiques libéraux qui voudraient pouvoir penser et vivre avec leur époque, sans sortir des vérités révélées ; qu'imaginer d'une pareille gageure transposée de l'Évangile au Coran, c'est-à-dire à un texte qui n'est pas seulement l'exposé de la loi religieuse, mais le Code de la vie civile, et comme le manuel du croyant dans les moindres réflexes de son existence journalière, et à une religion où la casuistique est moins déliée, moins souple, et moins accommodante, en raison de la nature même de ses dogmes (1).

Quoi qu'il en soit, les réformes entreprises pourront avait une certaine action sur l'enseignement général des Kouttabs, puisque tous dépendent plus ou moins des grandes mosquées d'Égypte, par des ramifications morales

(1) « Les gens d'El Azhar, » nous dit un jour Artin-Yacoub, « ont comme les anciens moines de la chétienté, conservé le flambeau des connaissances au milieu des ténèbres du Moyen-Age, mais ils sont absolument tenus d'évoluer aujourdhui, sous peine de disparaître ».

et religieuses. Deux caractères frappent d'abord dans cet enseignement, qui le différencient radicalement de l'enseignement européen ou à l'européenne que nous avons commencé par décrire : il est *gratuit,* même *subventionné en partie,* et il est donné exclusivement en *arabe.* De plus il est absolument *libre,* il peut se mettre sous le contrôle de l'État, mais n'y est pas obligé, et il a essentiellement un caractère *religieux* et *populaire.*

Il est inutile, pensons-nous, de décrire un Kouttab égyptien, qui ressemble à tous les Kouttabs du monde musulman. Dans un local la plupart du temps étroit, malpropre, et mal aéré, les jeunes enfants viennent chaque jour, sous la direction d'un *fikih* (instituteur), ou d'un *arif* (sous-instituteur) apprendre par cœur les versets du Coran, et recevoir des notions d'écriture et de calcul. Lorsqu'on passe à côté des mosquées du Caire, si nombreuses, on entend ce refrain de voix chantantes et nasillardes que connaissent bien tous ceux qui ont voyagé en Orient ; ce refrain, on le retrouve le long du Nil ou des canaux, partout où se place la moindre agglomération, le plus petit village. Des statistiques que nous avons sous les yeux exposent que sur 166.680 élèves des Kouttabs à la fin de 1907, 2.097 étaient non musulmans. Sur les 164.587 restants, 95.058 auraient étudié le Coran. Or le Coran étant le seul enseignement, on se demande ce qu'ont pu étudier les 69.259 autres, lesquels constituent un groupe assez imposant. De plus sur les 95.058 qui l'avaient étudié, 73.711 en savaient moins que le quart, 4.845 la moitié, 3.937 les trois quarts, et **4694** seulement la *totalité.* C'est pourquoi nous faisions remarquer au début combien il fallait se garder de se laisser prendre à l'extérieur de l'édifice, en matière d'instruction et surtout d'instruction populaire en Éygpte. Le nombre des Kouttabs n'a pas ici plus de signification que celui des élèves ou des professeurs. Un

KOUTTABS ÉGYPTIENS EN 1907

```
              Kouttabs gérés . . . . . . . . . .   143
              Kouttabs inspectés .   4.181
A déduire.    Kouttabs refusés .       823
        RESTE . .   3.258 . . . . .   3.258
              TOTAL . . . . .         3.501
```

| | INSTITUTEURS | | | | | | | ELÈVES | | | KOUTTABS | | | |
	INSTITUTEURS			INST.-ADJOINTS			TOTAL GÉNÉRAL	FILLES	GARÇONS	TOTAL	Kouttabs mixtes	Kouttabs de filles	Kouttabs de garçons	TOTAL
	Femmes	Hommes	Total	Femmes	Hommes	Total								
Kouttabs subventionnés . . .	17	2.812	2.829	6	2.755	2.761	5.590	11.632	139.167	150.799	1.922	18	831	2.761
Kouttabs non subventionnés .	o	319	319	2	569	571	890	632	15.254	15.886	243	o	354	597
TOTAL	17	3.131	3.148	8	3.324	3.332	6.480	12.264	154.421	166.785	2.155	18	1.185	3.358
Kouttabs gérés	7	135	142	23	150	173	315	2.840	8.169	11.009	96	9	38	143
TOTAL GÉNÉRAL	24	3.226	3.290	31	3.474	3.506	6.795	15.104	162.590	177.694	2.251	27	1.223	3.501

tableau que nous joignons ci-contre et que nous devons à
l'amabilité de Bernard Bey donne le total de 3.500 Kouttabs,
en 1907, dont 2.251 mixtes, 1.223 de garçons et 27 de
filles, avec 6.795 professeurs. Mais que représentent ces
chiffres pour fixer la valeur de l'éducation réelle du peuple
égyptien ? A peu près rien : autant dire qu'un enfant de nos
villages qui saurait réciter son catéchisme d'un bout à l'autre
aurait parachevé son instruction. Nous disons toutefois *à
peu près* rien, parce qu'un effort a été tenté, et par le gouvernement, et par les particuliers, pour augmenter cette
valeur.

Jusqu'en 1898, la règle était simple : tout individu sachant réciter le Coran par cœur pouvait ouvrir un Kouttab. Il y en avait alors près de 10.000 en Égypte, plus 100
et quelque fondés par les Wakfs, et restés sous leur direction jusqu'à 1890, date à laquelle ils étaient passés sous la
gérance du Ministère. C'est de ces derniers seulement qu'on
s'était occupé jusqu'en 1898. A cette date, et sous l'influence de Rouchdi Pacha, président de l'Administration
des Wakfs, homme d'une grande intelligence, et d'une
remarquable activité, esprit ouvert, et volonté prompte,
que l'on trouve disposé à marcher chaque fois qu'il s'agit
en Égypte d'une initiative quelconque, une petite somme
d'environ 20.000 francs fut votée pour aider les Kouttabs
libres, et on envisagea la création d'un enseignement populaire véritable pour l'amélioration de ces Kouttabs, en leur
offrant des subventions annuelles à condition de les soumettre à l'inspection du Ministère et à l'observation d'un
petit programme. Les autorités anglaises s'inspiraient en
même temps de précédents pratiqués aux Indes. Avant
tout, interdiction absolue d'enseigner aucune langue européenne. Le chiffre de la subvention fut élevé graduellement
chaque année jusqu'à atteindre aujourd'hui environ **500.000**

francs (1). L'année 1908 est la première où la subvention n'ait pas été augmentée, comme s'il y avait un flottement dans les vues des pouvoirs dirigeants. On créa également une série d'écoles normales pour avoir un meilleur personnel. Il y en a deux au Caire, une pour les garçons, une pour les filles, trois autres au Fayoum, à Kalioul, à Mansourah. De plus des cours furent organisés dans les provinces, le jeudi et le vendredi, pour les professeurs déjà en exercice. Ils étaient suivis en 1907 par environ 2.500 d'entre eux. 36 inspecteurs, sortis d'El-Azhar, portant encore le turban, qu'on leur avait enlevé pour le remplacer par le tarbouch (fez), mais qu'on dut leur rendre à cause du mauvais effet de cette mesure sur les populations ignorantes, sont disséminés dans tout le pays. Ils sont eux-mêmes sous la surveillance de 3 inspecteurs principaux et d'un directeur. Ils inspectaient, en 1907, 143 Kouttabs de gérance directe, et 3358 autres, dont 276 subventionnés. L'inspection des Kouttabs était inscrite au budget de 1908 pour 8.140 L. E. Les Kouttabs de gérance directe coûtent 10.000 L. E. au département de l'Instruction publique. *Bref les dépenses générales annuelles de ce département pour les Kouttabs dépassent 60.000 L. E. (1 million et demi).* Les Kouttabs Wakfs coûtent en personnel 8.739 L. E. et en dépenses diverses 10.069 L. E., ces frais sont couverts naturellement par les revenus de l'Administration. Un fikih touche 140 P. T. de gratification par mois, l'Arif 120, un domestique qui leur est attaché 50. Les enfants donnent en plus, *ad libitum*, quelque chose, chaque mois à leur instituteur. Au maximum 4 P. T. Mais ni les uns ni les autres

(1) La moyenne des subventions est de 10 L. E. pour les Kouttabs de 1re classe, et de 4 L. E. pour les Kouttabs de seconde classe.
Elle ne dépasse jamais 35 L. E.

ne sont logés, de sorte que leur condition serait très précaire si, dans certaines provinces, sous l'influence du développement des idées modernes, du mouvement nationaliste, et avec l'appui de grosses fortunes indigènes, et le concours officiel de quelques moudirs actifs, on n'avait trouvé des fonds, parfois considérables, pour améliorer les locaux. C'est ainsi qu'à Mansourah on a récolté en quelques mois plus de 300.000 francs. La province de Dakhalieh a réalisé des prodiges : en moins de deux ans on y a édifié 268 Kouttabs, qui ont coûté **80.000 L. E.** (1). Des sociétés privées se sont formées dans le but de relever le niveau des Kouttabs. Dans ces sociétés, l'élément administratif semblait tout d'abord devoir exercer une certaine action, puis d'après nos tous derniers renseignements, il a marqué soudain un temps d'arrêt, en même temps qu'on cessait d'élever les subventions du Ministère (voir plus haut), sous l'empire de causes qu'il est assez malaisé d'établir. Le gouvernement anglais veut-il se laisser le temps de la réflexion ; doute-t-il de l'efficacité des procédés adoptés pour obtenir les résultats qu'il ambitionne ? En tous cas cette question de l'enseignement populaire des Kouttabs a passé aujourd'hui au premier rang de ses préoccupations. Il suffit de voir la place que lui a accordée lord Cromer, dans chacun de ses derniers rapports, pour en être convaincu.

En 1904, il écrit textuellement ceci : « Parmi les questions qui, en Egypte, présentent le plus d'importance, se

(1) « De tels faits prouvent qu'au-dessous de l'indifférence des populations rurales à l'égard de ce qui ne touche pas à leurs terres et à leurs intérêts particuliers, il existe un bon vouloir latent de contribuer à l'avancement du bien commun. Si ce n'est pas là tout à fait ce qu'on entend par esprit public, c'est du moins l'élément à l'aide duquel on peut le constituer » (lord Cromer).

place celle de l'enseignement élémentaire en arabe. Le
succès des différents projets administratifs relatifs à l'amélioration de la condition des populations rurales dépend,
dans une large mesure, de la diffusion dans le pays des
éléments d'éducation, de manière à rendre les habitants
accessibles à des idées autres que celles consacrées par la
tradition. La création de banques et de sociétés agricoles,
le développement de méthodes perfectionnées d'agriculture,
les plans d'amélioration des conditions sanitaires de la vie
rurale, et autres projets semblables ne pourront jamais
donner la mesure complète de leurs bons résultats, tant
que les masses rurales ne seront pas pénétrées de l'influence
bienfaisante et féconde d'une éducation sommaire ». Il
parle avec amertume de la *tare* du Kouttab primitif, si
longue à disparaître, et qui fait que sur 120.000 élèves ins-
pectés cette année-là, 80.000 n'avaient point reçu de notions d'écriture, 70.000 d'arithmétique, 54.000 même de
lecture. De sorte que les Egyptiens envoyant surtout
leurs enfants à l'école pour les dispenser du service militaire
en qualité de fikihs, mais ces mêmes enfants n'en pouvant
obtenir le titre, vu qu'ils ne connaissent que la lecture et
la récitation du Coran, la plupart d'entre eux deviennent
simplement des mendiants. D'après le recensement de
1897, il y avait dans la Basse-Egypte 100.000 de ces
mendiants, contre 107.000 artisans et hommes de métier.
C'est faire toucher du doigt les faiblesses d'une pareille
organisation, et, chez les parents, l'erreur d'une pareille
mentalité.

« Aussi le but à atteindre » ajoute judicieusement lord
Cromer « est de convertir les Kouttabs en une organisation
d'écoles élémentaires, bonnes, et coûtant peu, où l'instruction religieuse se limite à des notions strictement essentielles, et où l'*enseignement profane n'ait d'autre portée que*

de préparer l'élève à soigner ses intérêts selon sa condition. »

En 1905, il constate peu de progrès : « C'est une *stagnation terrible* » écrit-il, « dans les méthodes d'instruction. » Il signale cependant, pour s'en féliciter, l'effort de l'initiative privée qui cesse de se consacrer exclusivement à la fondation d'écoles à l'européenne pour s'appliquer à l'amélioration, au moins matérielle, des Kouttabs.

En 1906, il marque enfin un progrès. Les règlements des subventions ont été révisés avec soin. On a diminué la partie religieuse purement livresque, pour ajouter, dans l'horaire, un certain nombre d'heures consacrées à l'étude raisonnée du Coran et des préceptes de l'Islam. On a permis d'autre part aux Kouttabs d'adapter ce dit horaire aux exigences agricoles locales, et on a réservé à chacun d'eux une certaine initiative dans cet ordre d'idées. Le gouvernement a de plus consenti, toujours dans le but d'encourager le mouvement en faveur des Kouttabs, à concéder gratuitement, sous réserve de certaines conditions, des terrains pour les élever. 341 demandes de concessions avaient été aussitôt présentées : 279 furent favorablement accueillies. Enfin un des vices principaux des Kouttabs étant le nombre trop minime souvent des écoliers pour l'organisation des classes et l'entretien d'un bon instituteur, on s'efforça de les faire fusionner et d'établir le nombre des élèves à 25 au minimum, ce qui facilite à la fois la surveillance, et améliore les conditions de l'instruction des enfants, les conditions d'existence de l'instituteur.

Ces lignes, rapprochées de celles que lord Cromer consacre à l'enseignement professionnel, tendent à prouver que la question de l'éducation populaire n'a pas été si négligée par le gouvernement anglo-égyptien qu'on se plaît parfois à l'avancer, un peu à la légère, et qu'il entend dans tous les cas sa solution dans le sens où il nous paraît qu'il faut l'entendre. Ses efforts n'ont donné, dit-on, que de médiocres résultats. Mais la tâche vient en somme à peine d'être abordée; elle est comme ailleurs, plus qu'ailleurs — toujours en raison de la complexité de toutes choses en Egypte — délicate et ardue, puisqu'il faut secouer une apathie séculaire, se heurter à chaque pas à des contradictions inattendues, et vaincre enfin une routine dont le fonds s'étaye sur la cristallisation même de la pensée musulmane.

« La solution du problème », écrit toujours dans le même ordre d'idées Mᵣ Dunlop, « serait la création dans tout le pays d'un réseau d'écoles supérieures aux Kouttabs (le Maktab), où seraient dispensés, dans la langue maternelle, des éléments équivalents à ceux qu'on enseigne dans les écoles élémentaires d'Europe.... Mais ne laisserait-on ce jour là aucune place à l'étude d'une langue étrangère, comme on parait le désirer dans les hautes sphères du Ministère de l'Instruction publique ? Il ne semble pas que ce soit possible. Car le curieux de la situation est qu'en dépit du mouvement qui s'élève avec enthousiasme contre l'attention consacrée dans les écoles du gouvernement au français et à l'anglais, tous ceux qui ont charge de la direction d'écoles, officielles ou privées, sont obligés de reconnaître que dans l'état actuel du développement de l'instruction en Égypte, les écoles ne peuvent trouver d'élèves qu'autant quelles fournissent une instruction immédiatement rémunératrice. L'entrée aux Kouttabs musulmans est encouragée par les règlements relatifs à la dispense du service militaire; l'entrée aux écoles industrielles l'est par la perspective des salaires; l'entrée aux établissements Européens d'instruction l'est par la valeur sur la place de la connaissance de l'anglais et du français. Une instruction

exclusivement arabe n'a pour le moment en Égypte que
peu de valeur, et l'on se demande si, en superposant aux
Kouttabs des écoles d'un degré supérieur, mais limitées
comme eux à l'enseignement purement arabe, on pourrait
y attirer des élèves. L'intruction, il faut l'avouer, n'est pas
encore appréciée pour elle-même (1). »

El Azhar renovée aurait pu devenir le noyau de la future
organisation de cet enseignement populaire indigène, et
pour lui comme le ferment d'une vie nouvelle, mais lés
tentatives du Chekh Abdou ont, nous l'avons dit, assez
misérablement avorté. Il n'a pas laissé de disciples, d'héri-
tiers fidèles de sa pensée. Et lorsque le parti nationaliste a
lancé l'idée de la fondation d'une Université égyptienne, il
ne paraît même pas avoir songé qu'El Azhar pouvait lui
servir de cadre, tant les deux courants d'instruction en
Égypte se côtoient parfois, mais ne se fondent jamais.

Il reste à parler de l'éducation féminine à laquelle nous
avons à réserver une place à part. On sait que lord
Cromer, avec beaucoup des bons esprits — et les récents et
suggestifs événements de Turquie ne sont pas pour leur
donner tort — voyait dans la question de l'éducation de la
femme la clef du problème musulman. Les pages qu'il a
consacrées au développement de cette idée dans son dernier
ouvrage ont surpris pas mal d'Européens peu familiers avec
les choses de l'Orient, si difficilement pénétrables, et qui
étaient très loin de penser que la femme, être séculairement assujetti, pût y jouer un rôle d'une portée quelconque. Il nous semble à nous, au contraire, que les réflexions de l'éminent homme d'État Anglais portent la
marque d'un esprit très averti.

(1) Modern Egypt (1908).

« Si Dieu avait voulu créer la femme semblable à l'homme, » disent beaucoup de musulmans attachés à leur foi, « lui donner l'étendue de son intelligence, la recherche de son raisonnement, et l'amour de la vertu, il l'aurait fait sans doute. Mais Dieu l'a créée uniquement pour garder la maison et pour la reproduction de l'espèce. » Contre une théorie aussi absolue, qu'il n'est pas rare, soit dit entre parenthèses, de voir mettre en pratique dans bien des milieux européens, un Égyptien de valeur s'était déjà élevé il y a 80 ans. Elève, puis docteur de l'Université d'El Azhar, Rifaï Bey fut attaché en 1826 à la mission scolaire envoyée en France, en qualité d'iman. Dix ans plus tard, il était membre du Conseil, nouvellement formé, de l'instruction publique. Il mourut seulement en 1875. L'Égypte lui doit une bonne part des progrès qu'elle a réalisés dans sa culture intellectuelle, mais en ce qui concerne spécialement l'éducation des jeunes filles, ses tentatives échouèrent, soit, dit Artin-Yacoub, que les mœurs en Égypte ne permissent pas aux parents d'une condition moyenne ou élevée de confier leurs filles à une direction étrangère, fut-elle féminine, soit que l'âge auquel on les mariait (1) fût un empêchement sérieux à leur instruction, soit enfin que Mehemet-Ali se fût rendu compte des difficultés qu'il avait déjà à surmonter pour l'instruction des garçons. Il ne faudrait cependant pas passer sous silence la création d'une école indigène de jeunes filles sur le modèle de celles existant en Europe, due à la princesse Tcheshme-Afet, troisième épouse d'Ismaïl Pacha, en 1873 ; elle était établie sur le type des écoles de jeunes filles dirigées dès cette époque un peu partout dans les villes de la Basse et de Haute-Égypte par des reli-

(1) C'était alors 10 ans. Aujourd'hui 18 à 20, surtout dans la haute classe.

gieuses catholiques (françaises et italiennes) et des dames
protestantes (américaines et anglaises) ; ni celle de l'administration des Wakfs, dans le même genre, fondée peu après
à Kerabieh. Ce ne furent que des tentatives. Les embarras
financiers de 1875 firent tomber l'une et l'autre. L'école
des filles de Soufieh n'est plus aujourd'hui qu'une sorte
d'établissement de bienfaisance, où se recrutent les sages-
femmes de la Maternité, dont il sera parlé au chapitre suivant, et où, écrivait en 1889 Artin-Yacoub, aucune famille
ayant tant soit peu de respect pour elle-même et de sollicitude pour ses enfants, n'oserait les faire élever. Il est donc,
finalement, permis d'écrire que jusqu'il y a 10 ans, l'instruction de la femme était nulle en Égypte.

Il n'en est plus ainsi aujourd'hui. Il est même très suggestif de voir à quel point lord Cromer se montre catégorique et optimiste à cet égard. « L'opinion publique égyptienne » écrivait-il en 1905 « paraît avoir subi ces dernières
années une transformation complète au sujet de cette très
importante question de l'éducation féminine. Ce changement est d'autant plus remarquable, qu'étant donné les
idées qu'on se fait en général de la position de la femme
dans ce pays, c'est peut-être bien le dernier objet qui eût
pu paraître, même aux yeux des plus fins observateurs de
la vie orientale, capable de se prêter à une évolution aussi
rapide de l'opinion publique. Les Égyptiens, toujours
fidèles au paradoxe, ont donné un démenti aux prédictions
des réformateurs sociaux. Il y a dix ans, l'idée d'instruire
les filles rencontrait généralement l'indifférence, sinon
même l'antipathie. En 1900, le nombre d'écoles, y compris
les Kouttabs surveillés, fréquentées par les filles, n'était
encore que de 271, avec 2.050 élèves. Quatre ans plus
tard, il y a 1748 écoles, avec 10.402 élèves, et on refusait,
faute de place, à plus de 100 jeunes filles l'admission

dans les écoles primaires supérieures et les écoles normales du Caire. « C'est un *progrès remarquable et continu* », insiste lord Cromer, « marque évidente des changements qui interviennent dans les mœurs et dans les idées du pays. Les parents n'éprouvent plus aucune répugnance à envoyer leurs filles à l'école. La gratuité a été presque entièrement abolie dans les écoles primaires de filles du Gouvernement. On fait des demandes nombreuses pour l'établissement de nouvelles écoles dans différentes parties du pays. Le besoin se fait vivement sentir de Kouttabs spéciaux pour filles. »

Et en 1906, « Une importante réforme a été inaugurée touchant les institutrices. Il est manifestement désirable que le personnel enseignant des écoles primaires de filles se compose exclusivement de femmes, mais on a été forcé d'y employer jusqu'ici certains cheikhs choisis. L'an dernier on a pu néanmoins remplacer un des cheikhs par une élève — maîtresse de l'école normale, et ainsi s'est accompli le premier pas, tendant à doter les écoles primaires de filles d'un enseignement exclusivement féminin ».

A l'heure qu'il est, les statistiques donnent le chiffre de 11.112 enfants égyptiens du sexe féminin (et 9.329 étrangères) dans les établissements d'instruction primaire et secondaire se décomposant ainsi : 3551 dans les établissements de l'État, environ 3.000 dans les écoles françaises et autant dans les écoles américaines, le reste dans les écoles italiennes (1.181) Autrichiennes (381) *anglaises* (335), et allemandes (69). Les principales écoles officielles sont : le Sanieh training College, le Sanieh College, l'Abbas girls school, l'école normale de Boulaq pour professeurs femmes dans les Kouttabs. Dans l'enseignement privé, il faut relever notamment, au Caire, les importantes maisons des Sœurs du Bon-Pasteur (un orphelinat et deux écoles, à

Choubrah (1) et au Mouski (1) le pensionnat des Mères de
Dieu à Boulaq, et les écoles gratuites des Sœurs de Saint-
Vincent de Paul, à Abdim (1); à Port Saïd, les Sœurs de
Saint-Vincent de Paul et le Bon-Pasteur également; à
Alexandrie les sœurs de charité toujours, qui sur 341 filles
en ont 149 musulmanes, et les religieuses des missions
africaines, avec 186 musulmanes sur 200 élèves.

Les Kouttabs de filles renfermaient d'autre part, à fin
1906, 12.839 élèves (contre 152.748 garçons). Ceci est
une proportion infime et n'indique pas un degré bien élevé
de l'éducation populaire des filles, car il va de soi qu'on
doit lui appliquer, à plus forte raison, les remarques que
nous avons faites pour l'instruction populaire des garçons.
Et pourtant la subvention accordée aux Kouttabs féminins
est le double de celle que l'on accorde aux autres Kouttabs,
précisément afin de leur donner un encouragement plus
grand, et plus de chances de se développer.

Nous en aurions complètement fini avec cette revue
générale et sommaire de l'organisation de l'éducation en
Égypte, s'il ne nous restait un mot à dire des écoles dites
nationales, qui ne sont pas en dehors du système d'écoles
de Gouvernement dont nous avons parlé, mais qui y occupent une place à part. Le nom qu'elles portent vient de
ce qu'on a voulu les différencier des écoles qui devaient
être exclusivement à la charge de l'État et qui furent appelées « écoles gouvernementales ». Elles furent, dès le début
de leur création, sous Ismaïl Pacha, entretenues par des
Wakfs, mais placées nonobstant sous la gérance du Ministère de l'Instruction publique. Elles sont surtout nationales,

(1) Noms de différents quartiers populaires et faubourgs de
la ville.

si l'on veut, parce qu'elles devaient être entretenues par des donations faites par des particuliers ou par des contributions spéciales fournies par les provinces et les villes. Le premier budget de l'État qui en fasse mention est celui de 1886. Il en signale 17 dans les différentes parties de l'Égypte. Celui de 1890, 22. En 1896, on crée l'école d'Helouan près du Caire. En 1897, on transforme en Kouttabs organisés 6 écoles nationales, celles du Vieux-Caire, de Toukh, de Belbeis, d'Ibrahimieh, de Simbellanir et de Fachsi. En 1900, le budget des écoles et des Kouttabs wakfs a été incorporé dans le budget des écoles-nationales qui a pris le nom de « budget des écoles relevant du Ministère ». Ce dernier budget a été incorporé lui-même dans le budget général de l'Instruction publique en 1907, et les recettes qui lui étaient propres sont perçues désormais par le Ministère des Finances, et figurent en totalité dans les recettes générales de l'État. Ces recettes proviennent d'immeubles de trois catégories :

1) Les biens constitués en Wakfs, lesquels ne peuvent être aliénés qu'en vertu d'une autorisation du Mekhemet Charieh (Chaàra), et dans tous les cas doivent être remplacés par une valeur équivalente produisant au moins le même revenu.

2) Les biens non constitués en Wakfs, attribués aux écoles nationales en vertu d'ordres supérieurs (?).

3) Les biens achetés par le fonds des écoles nationales.

Les écoles nationales eurent beaucoup à souffrir du manque de fixité de ces revenus, en général d'origine agricole, qui ont varié de 1881 à 1908 entre 12.000 et 25.000 L. E., du simple au double. La plus grosse partie d'entre eux provient du domaine d'El-Wady, ancien domaine Khédivial donné par Ismaïl Pacha ; le Ministère des Travaux publics est en train d'en achever l'aménagement : il rapporte, à lui seul, aujourd'hui plus de 20.000 L. E. ou un demi-million les années agricoles prospères.

Nous nous sommes efforcé, dans les pages qui précèdent, de mettre un peu d'ordre dans une des matières les plus complexes que puisse présenter à l'étude ce pays d'Égypte où rien ne porte le caractère de la simplicité. Il résulte de notre examen, forcément trop bref, que nous avons tâché de rendre clair, et impartial, un certain nombre de conclusions.

La *première* est que l'enseignement populaire, l'instruction du fellah, malgré les encouragements sagaces qu'on lui a prodigués depuis dix ans, existe plutôt sur le papier que dans la réalité, et que le gouvernement hésite encore sur la direction à lui imprimer dans l'avenir. Restera-t-il un enseignement purement arabe, ce qui était jusqu'à présent, article de foi pour la politique anglaise, rattaché plus ou moins directement à El-Azhar, soumis à son influence, ou y introduira-t-on les notions scientifiques et les méthodes pédagogiques modernes avec l'instrument d'une langue européenne? Telle est la question du jour, qu'agitent deux courants contradictoires. En attendant sa solution, la grande masse du peuple égyptien est encore absolument illettrée.

Toutefois un mouvement se manifeste sourdement depuis quelques années, dans certaines couches sociales, qui tend à doter de plus de lumières — pour employer le jargon à la mode — ce vieux pays éteint. Un réveil de l'apathie islamique, s'y affirme, et un embryon d'esprit public s'y constitue, le fait est incontestable. Les questions d'éducation, d'éducation féminine en particulier, sont de plus en plus actuelles dans les milieux indigènes; les sacrifices pécuniaires qu'elles provoquent de ci de là, même en faisant la part de l'ostentation, qui est un trait

de caractère des Égyptiens, sont considérables, et prouvent, à n'en pas douter, une évolution dans leurs idées,
un pas vers l'abondon de leurs préjugés. Le nationalisme
égyptien, notons-le en passant, aurait là un tremplin
autrement solide que ses revendications de caractère purement politique, s'il savait s'en servir... Telle est notre
seconde conclusion.

Il en est une *troisième* enfin, spécialement consolante
pour notre amour-propre de Français. C'est le développement, en somme brillant, de tout l'enseignement primaire
ou secondaire, qu'il soit gouvernemental ou privé. Or l'un
et l'autre sont, et demeurent, malgré l'introduction de
l'anglais dans les programmes, directement inspirés de nos
méthodes d'éducation et du génie de notre race. Notre sin-
gulière mission de pourvoyeurs et d'ordonnateurs d'idées
dans le monde s'est poursuivie d'une façon ininterrompue
en Égypte, comme si elle était dans la force des choses,
et sans que d'ailleurs dans la Métropole on paraisse un instant s'en douter. Pour rendre l'impression que nous avons
ressentie, nous la résumerons dans cette formule : En
Égypte tout indigène cultivé pense en Français.

A propos des accords de 1904 — si l'on nous permet
cette digression que nous inspire le sujet — nous avons
maintes fois entendu exprimer par des esprits chagrins
cette opinion que nous avions alors lâché la proie pour
l'ombre, et sacrifié une situation assurée en Égypte à un
Maroc incertain. Tel n'est pas tout à fait notre avis. Cette
situation de droit, que nous avons laissé entamer par les
dits accords, n'était, pour dire le mot, depuis les évène-
ments de 1882, qu'une armature légère et inconsistante
sur laquelle on avait les yeux obstinément fixés en France,
comme si cela pouvait l'empêcher de tomber, mais on
ignorait ce qu'elle recouvrait. Aujourd'hui qu'elle a dis-

paru, la situation de fait apparaît dans toute son ampleur. On s'aperçoit, non sans étonnement, que nous tenons ce pays par l'intellectualité, que notre culture y règne en maîtresse malgré tous les obstacles. Et quand, par ailleurs, nous pouvons, comme nous l'avons fait il y a quelques mois, remplir le vide de ses caisses et parer à une grave crise financière par l'octroi de quelque cent millions, nous avons le droit de penser qu'au point de vue matériel comme au point de vue moral, la France n'y a tout de même pas perdu son temps.

CHAPITRE III

ASSISTANCE PUBLIQUE ET HYGIÈNE

> Faites-vous l'aumône au grand jour ? Cela est louable ; la faites-vous secrètement, et secourez-vous les pauvres ? Cela vous profitera encore davantage... Que l'homme aisé donne selon son aisance ; que l'homme qui n'a que le strict nécessaire donne en proportion de ce qu'il a reçu de Dieu. *(Le Coran)*.
>
> Celui qui enseignerait l'hygiène à la race des Pharaons doublerait en 20 ans le nombre des hommes utiles et la richesse de l'Égypte.
>
> (E. About. *Le Fellah*).

Ce vœu généreux, qu'exprimait il y a 70 ans le brillant et quelque peu fantaisiste auteur du « Fellah », appelle sur les lèvres le sourire du sceptique. Sans que l'hygiène se soit beaucoup modifiée, peuple et richesse ont en effet doublé depuis lors en Égypte, et le pire est que si cette progression continuait dans l'accroissement du « nombre des hommes utiles », l'activité de leurs bras trop nombreux, concentrée sur un territoire trop étroit, qu'enserrent des frontières de sable stérile, n'arriverait bientôt plus à leur fournir que des salaires dérisoires... tant il est vrai qu'aucune question ne se résout avec simplicité dans le pays du paradoxe, et que l'œuvre même d'assistance y peut voir révoquée en doute son opportunité. Hâtons-nous d'ajouter que le Gouvernement égyptien est pourtant loin d'avoir montré dans cet ordre d'idées une insouciance que le rai-

10

sonnement suivant : n'ayons pas trop de fellahs, car ils
mourraient de faim, aurait pu peut-être excuser. Il s'est
occupé au contraire, sans en donner les véritables raisons,
mais elles ne peuvent avoir échappé à des esprits sagaces
comme lord Cromer, Sir W. Willcoks, Sir W. Garstynn,
d'étendre constamment la superficie des terres cultivables,
où s'écoulerait dans l'avenir l'excès d'une population trop
dense, et il consacre de très louables efforts à l'étude des
questions sanitaires, d'assistance, d'hygiène et de prophyllaxie. Il a été secondé, disons-le, aussi sur ce terrain, par
l'initiative privée, européenne ou indigène. Car l'accord
des bonnes volontés est encore plus sensible ici qu'en matière d'instruction en Égypte ; il y a aussi plus de précision
dans le but poursuivi, dans les méthodes adoptées, enfin
on a atteint des couches sociales plus profondes. Si le fellah proprement dit, le planteur des champs de coton du
Delta et de la vallée nilotiques ignore encore ce que peut
être un enseignement à l'européenne, il soupçonne aujour-
d'hui ce qu'est un hôpital à l'européenne, quels sont les
avantages de la vaccination, les dangers de la peste, où et
comment il soignera ses yeux malades, quels services
peut rendre une sage-femme, et qu'il trouvera au dispensaire des soins et des médicaments pour ses enfants.

Malgré cela, la même remarque s'impose qu'au chapitre
précédent. Si nous avions dû nous cantonner strictement
dans l'examen des œuvres d'assistance ou d'hygiène exclusivement destinées à l'habitant des campagnes, notre tâche
eût été restreinte ; nous avons cru devoir donner à notre
modeste enquête un caractère plus général sous peine de
passer sous silence une œuvre comme celle de l'assainissement de la ville d'Ismaïlia, envahie par le paludisme,
des institutions comme l'asile des aliénés à l'Abassieh,
modèle du genre ; l'asile des enfants trouvés des religieuses

de Saint-Vincent de Paul à Alexandrie ; les asiles et les dispensaires des Wakfs et de lady Cromer, au Caire. Les unes et les autres font le plus grand honneur à ceux qui les ont fondées ou qui les entretiennent.

Au surplus, si les établissements d'instruction des villes attirent forcément à eux une partie des éléments ruraux, il en va de même, à plus forte raison, en ce qui concerne les établissements d'assistance, et n'est-il pas malaisé de discerner, en tous pays, jusqu'où s'étend la portée d'une œuvre qu'anime un rayon de pensée ou un élan de solidarité.

Comme au précédent chapitre également, il convient de ne pas oublier de mentionner que les bases de l'œuvre d'assistance, laquelle a acquis aujourd'hui un si grand développement, ont été jetées par des Français.

Le recueil des « observations et recherches faites en Égypte par la mission française lors de l'expédition de Bonaparte », « qui est à tous égards une mine si précieuse de renseignements, contient en particulier un mémoire du baron Larrey, le célèbre chirurgien de l'Empereur, sur plusieurs maladies qu'il avait eu l'occasion d'étudier au cours de la campagne. — En 1815, Jomard, ancien ingénieur de l'armée d'Orient, avait entrevu la question d'assistance en même temps que la question d'éducation. En 1825, Clôt-Bey était nommé médecin et chirurgien en chef des armées de Mehemet-Ali, « qui a eu la gloire », écrivait-il plus tard, « de ramener à la fois en Égypte la pratique et l'enseignement de la médecine. La création d'une armée régulière a été la cause de cette restauration, mais la science et la philanthropie ont eu doublement à s'en réjouir (1) ».

L'hôpital créé par Clôt-Bey fut en effet pour commencer

---

(1) Clôt-Bey. *Aperçus sur l'Égypte* (2 vol., Masson, 1840).

un hôpital purement militaire, et les innovations qu'il entreprit au point de vue médical s'appliquèrent d'abord aux troupes du Vice-Roi. Notre compatriote commença par créer un Conseil de santé de cinq membres, médecins, chirurgiens, pharmaciens, et fit adopter les règlements français en la matière. Il introduisit ensuite un système d'hôpitaux régimentaires approprié aux conditions de stricte simplicité nécessitées par les transports à dos de chameau. Chaque hôpital mobile était doté d'un médecin major, de 4 aides et de 2 pharmaciens en temps de paix ; au cas de guerre adjonction d'un sous-aide chirurgien par bataillon. Au-dessus d'eux, des inspecteurs. Une grande importance était attachée à l'uniforme pour exiger le respect, marquer la gravité de la fonction, et ceci indique une connaissance très juste de l'Orient. Les moindres détails avaient été prévus : c'est ainsi que l'armée avait été dotée de caisses d'ambulance et aussi d'instruments de cuisine légers, et coniques (pour tenir facilement enfoncés dans le sable), que des formulaires avaient été rédigés pour les médicaments, une pharmacie centrale établie au Caire pour les préparer, avec dépôts à Alexandrie, Saint-Jean d'Acre, Alep, Djeddah, Khartoum, et Candie.

A la suite de ces réformes, la mortalité, jusqu'alors effrayante dans l'armée égyptienne, diminua rapidement. Clôt-Bey conçut alors l'idée de fonder un enseignement médical, et créa l'École de médecine en 1827. Ce ne fut pas sans de nombreuses difficultés, dont la première, et non la moindre, était celle de la langue à employer pour donner l'enseignement aux élèves, et la seconde, la force du préjugé religieux, à l'égard des études anatomiques. Les premières autopsies se firent à l'insu du public, avec un entourage de gardes fournis par le Khédive, qui ignoraient eux-mêmes ce qui se passait à côté d'eux. L'école, et l'hôpital, furent tout d'abord installés à Abouzabel. Au commencement les leçons furent traduites, puis dictées à haute voix ; des explications suivaient, vaille que vaille. Clôt-Bey, avait réussi à grouper sept professeurs qui enseignaient des éléments de physique, de botanique et de chimie ; l'anatomie générale, descriptive et pathologique ; la pathologie et la clinique chirurgicales ; la pathologie et la clinique internes ; la thérapeutique, l'hygiène et la pharmacie. A l'hôpital avait été adjointe une école de sages-femmes, embryon de celle qui se trouve encore aujourd'hui à Kasr-el-Aïni, et dont, au bout de cinq ans, on envoya les meilleures élèves compléter leurs études à Paris.

Ces réformes parurent audacieuses en leur temps. Elles firent sourire les Européens et suscitèrent chez les musulmans des manifestations de fanatisme telles que Clôt-Bey reçut un jour un coup de poignard en plein amphithéâtre. Il nous a plu de rendre hommage en passant à ce pionnier de l'œuvre philanthropique égyptienne et à ses collaborateurs : le Français Duvigneau, l'Espagnol Gaëtani ; les Italiens Celesia et Figari ; les Bavarois Fisher et Pruner.

L'école et l'hôpital d'Abouzabel étaient installés non loin du camp de Khanka. Ce camp d'instruction ayant été transporté ailleurs, leur déplacement s'imposait. Au bout de cinq ans de recherches, Clôt-Bey arriva à trouver un local convenable, le grand collège de Kasr-el-Aïni, sur l'emplacement de la ferme dite Ibrahim-Bey, où les Français avaient, à l'époque de la campagne de 1800, précisément déjà établi leur hôpital militaire, et actuellement affecté à la même destination.

« Entouré de belles promenades, sa forme est carrée ; il y a deux étages au-dessus du rez-de-chaussée ; toutes les ailes forment un double rang de salles séparées par un large corridor ; chaque aile est divisée en quatre salles, contenant chacune cinquante lits. Le rez-de-chaussée se compose de caveaux voûtés qui servent de magasins. Au centre de l'édifice est une vaste cour plantée d'arbres. Attenant à l'aile sud, quatre grands corps de logis séparés les uns des autres, le premier destiné aux amphithéâtres, aux laboratoires de chimie, aux cabinets de physique et d'histoire naturelle ; le deuxième servant de dortoir et de réfectoire; le troisième de pharmacie centrale ; le quatrième de cuisine, bains et lavoirs ».

A part quelques détails, installation de salles d'opération aseptique et antiseptique dans l'hôpital, remplacement des dortoirs par une sorte de club pour les étudiants, et adjonction d'une bibliothèque dans l'école de médecine, la description que nous a laissée Clôt-Bey en 1840 de ses deux créations est encore exacte aujourd'hui. Aussi le docteur Keatings, qui dirige actuellement cet hôpital, se plaint-il amèrement de la vétusté et de l'exiguité des locaux.

Sur la place de l'Ezbekieh, alors presque en dehors de la ville, Clôt-Bey s'était décidé à fonder aussi un hôpital civil, destiné à recevoir des malades indigents des deux sexes. Il avait même commencé d'organiser quelques infirmeries dans les provinces; et projeté des écoles, auxquelles auraient été attachés des chirurgiens.

Au centre du Caire le Moristan, fondation pieuse du Sultan Kaloun, qui comptait déjà six siècles d'existence, et n'était qu'un cloaque immonde où l'on enchaînait les aliénés dans d'étroits cabanons en maçonnerie, fut abandonné, et ses pensionnaires transportés à l'hôpital civil de l'Ezbekieh.

Enfin à la tête de la maternité, Clôt-Bey avait placé une demoiselle Gault, élève distinguée de la maternité de Paris, qui se mit à former des sages-femmes parmi les négresses et les abyssines, leur apprenant à lire et à écrire en arabe, à parler français ; leur commentant un traité d'accouchement traduit en arabe ; leur faisant des démonstrations anatomiques sur un mannequin. Le nouvel hôpital civil leur fournissait l'occasion de pratiquer quelques accouchements, vaccinations, saignées, pansements. Dans cette maternité, filles et femmes, du Caire ou des provinces, furent admises gratuitement ; instruites, nourries, habillées aux frais du Gouvernement. On accueillit de préférence les orphelines, les filles de militaires morts ou en activité de service. Il y eut 20 élèves du Caire, 4 de chaque province, en tout plus de 100.

La médecine vétérinaire ne fut pas non plus négligée, dès cette époque. Le Vice-Roi fit venir des vétérinaires de France en 1827 : MM. Hamont et Pretot, de l'école d'Alfort. L'école vétérinaire, établie d'abord à Rosette, manquait de tout. On la transféra ultérieurement à Abouzabel, devenu libre. Une centaine d'élèves étaient logés et nourris aux frais du Gouvernement. Un haras avait été monté à Choubrah. De nombreuses maladies y ayant éclaté en 1833, on fit appeler M. Hamont qui s'y installa et refit tout sur un plan nouveau : reconstruisant les bâtiments, surveillant la nourriture, supprimant les entraves que les Arabes s'obstinaient à laisser à leurs chevaux, réglant les saillies, etc... D'excellents résultats furent obtenus. En 1840, le haras en question renfermait un millier de chevaux, soignés par 300 palefreniers, soumis au régime militaire, et bien entendu, toujours nourris, vêtus, et payés par le Gouvernement (1). Après que l'école de médecine eût quitté Abouzabel, l'école vétérinaire fut transférée à Choubrah. On y comptait en 1840 cinq professeurs, tous français.

Si artificielle et momentanée qu'aient pu être, à parler

(1) Voir chap. II : l'éducation.

franc, les réformes de Mehemet-Ali dans cet ordre d'idées comme ailleurs, il nous a paru intéressant d'en donner le détail pour la part importante et fort peu connue qu'y ont prise l'intelligence et l'énergie françaises. Le nom de Clôt-Bey, à qui nous les avons empruntés, mérite, nous le répétons, d'être rappelé parmi ceux des bienfaiteurs de l'Égypte moderne.

§ Iᵉʳ

Quand les Anglais occupèrent l'Égypte, il ne restait plus grand'chose de l'œuvre de Clôt-Bey, qui n'avait pu résister à la manie destructive d'Abbas Iᵉʳ, non plus qu'aux folles dilapidations d'Ismaïl. L'organisation du *Department of Public Health*, qui leur fait beaucoup d'honneur, est donc entièrement leur œuvre. Nous aurions aimé à connaître le plan général d'après lequel elle a été conçue et les étapes successives de son développement. Cela ne nous a pas été possible. L'Anglais, essentiellement différent du Français à cet égard, attache peu d'importance à la notion de plan, et ne travaille presque jamais d'après des idées générales préconçues, mais selon ses réflexions du jour et les besoins du moment. Le fait a été souvent relevé. Lord Cromer tout le premier en convient dans ses rapports. Il nous a été donné de le vérifier une fois de plus en cette matière. Nous n'avons pu obtenir des services compétents une note qui nous établit leur genèse, en quelque sorte. Une série d'organismes, nous fut-il répondu, ont, à divers moments, paru utiles. On les a créés. On les a modifiés plusieurs fois au besoin. Ultérieurement on les a soudés les uns aux autres, et l'on a eu ainsi ce grand rouage de l'hygiène et de la santé publique en Égypte, qui rattaché au Ministère de l'Intérieur sous le nom de services sanitaires (Sanitary

Department) comportait en *1908* un budget de *dépenses* de 278.244 L. E., ou, en chiffres ronds, 7 *millions et quart*.

Voici les chapitres les plus élevés de ce budget : appointements des agents de la direction centrale (18.839 L. E.), avec un directeur à 1.500 L. E., un sous-directeur à 1.200 et 7 inspecteurs, chacun en moyenne à 600 L. E., 12 médecins, 3 ingénieurs, un nombreux personnel d'employés ;

Appointements des agents des 3 hôpitaux du Caire : Kasr-el-Aïni, Aliénés. Maladies infectieuses : 17.689 L. E.

Appointements des agents des *hôpitaux* de *Moudiriehs 49.061 L. E.* Quant aux fournitures générales et à la nourritures des hôpitaux, le total s'en élève respectivement à 20.910 L. E. et 34.134 L. E.

Le chapitre 33 : arrosage et balayage de la ville du Caire, représente à lui seul 45.902 L. E., ce qui peut surprendre, quand on s'y promène, 2.460 L. E. pour le personnel classé, 5.241 L. E. pour les agents hors cadres, et 38 201 pour les dépenses diverses :

Matériel	4.939 L. E.
Uniformes	200 . —
Remonte	1.060 —
Entretien du matériel	1.106 —
« des bouches d'arrosage. . .	650 —
Eau.	6.843 —
Fourrage.	8.375 —
Salaires d'ouvriers journaliers . . .	14.059 —
Frais divers	969 —

Les services vétérinaires réclament environ 8.000 L. E. et les divers abattoirs une somme égale. L'assainissement des mosquées représente 2.500 L. E. par an.

L'Administration centrale du *Sanitary Department* occupe

au Caire de beaux et spacieux bâtiments, au milieu de jardins, dans le quartier de Kasr-el-Dubara, élégant et aéré, où se trouvent d'ailleurs groupés la plupart des Ministères. Le pavillon central est réservé aux bureaux. En face et sur les côtés on a construit de vastes magasins (stores) où se trouvent centralisés les matériels d'ambulance, de campement et d'hospitalisation en plein air, pour les cas d'épidémie dans les campagnes. Un local à part pour le laboratoire de bactériologie, un autre pour le laboratoire de chimie et l'examen des denrées ; un pavillon d'isolement ; à gauche de l'entrée l'école vétérinaire, avec sa salle de cours et son petit amphithéâtre.

Le tableau ci-contre donne le schéma de cette administration, qui centralise toutes les questions relatives à l'assistance et à l'hygiène, depuis la libre pratique et le service quarantenaire à l'entrée dans le pays, jusqu'aux hôpitaux ophtalmologiques ambulants qui, ainsi qu'on le verra plus loin, étendent leur action dans les plus petits villages. Le service des mœurs en dépend, et la réglementation du pélerinage de la Mecque, et la surveillance des abattoirs, objets très différents, mais qui réclament une attention égale et toute particulière en raison de la rapide propagation des maladies contagieuses, avarie, peste humaine, peste bovine, typhus, dans ces agglomérations populeuses et malpropres de l'Égypte.

Chaque chef-lieu de Moudirieh (préfecture) et chacun des quatre gouvernorats (Caire, Alexandrie, Suez et Port-Saïd) possède un hôpital. Chacun de ces hôpitaux de Moudirieh a à sa tête sur médecin indigène (1) secondé par un assistant, des infirmiers, une sage-femme (2), tous indi-

---

(1) Les hôpitaux de gouvernorat sont dirigés par des Anglais.
(2) Ces sages-femmes sont payées de 5 à 8 L.E. par mois

DIRECTOR-GENERAL. — DEPUTY DIRECTOR-GENERAL (ADJOINT)								
CENTRAL OFFICE				SPECIALIST STAFF				
Personnel. Authorization to pratice.	Epidémies Désinfection Vaccination Pélerinages	Etablissements insalubres. Abattoirs. Service des mœurs. Police sanitaire. Etc.	Hôpitaux. Dispensaire médical. Commission.	Medical officers of health. Director lunati asglum. Dir. Rasv el Aïni hospital. Chief Ingenieur. Bacteriological laboratory. Pasteur Institute. Stores. Chemical laboraty. Statistics. Inspector of pharmacies.	Chief Veterinary Inspector			Inspector of ophtalmie hospitals. Sub-inspector. Medical officers ophtalmie hospitals.
					Veterinary School Moudirich. Veterinary inspectors.	Veterinary Inspect.	Vaccine Institute.	
		6 inspecteurs. Inspect. de moudirich.						
		Markez medical officers.	Medical officers of hospitals.					

gènes. Ce médecin-chef sort le plus souvent de l'école de
médecine du Caire. Chaque Moudirieh reçoit de plus un
inspecteur de Moudirieh, indigène également, obligé à des
tournées régulières dans les markez (sous-préfectures) et se
déplaçant exceptionnellement aux cas d'autopsie, d'épidémie, etc..., responsable enfin de l'observation des règlements sanitaires dans toute l'étendue de sa circonscription.
C'est lui qui transmet au médecin de markez la pulpe vaccinale qu'il reçoit chaque semaine du Caire. C'est lui aussi
qui reçoit du laboratoire du Caire et lui retourne des
tubes de verre tout prêts dans des enveloppes de bois, renfermant des bouillons de culture, et destinés à recevoir des
extraits de déjections et d'expectorations des gens que l'on
suppose atteints du choléra, de la peste, ou de la diphtérie.
Ce service, dirigé par un allemand, élève de Koch, est
remarquablement conçu. Une analyse minutieuse est faite par
lui pour vérifier chaque cas douteux. On ordonne aussitôt
par téléphone l'isolement des malades dans des petites pail-
lotes en cannes ou en roseaux. Elles doivent êtres brûlées
ensuite. Malheureusement l'omdeh chargé de ce soin trouve
souvent préférable de les démonter clandestinement et de
les employer à son usage, risquant ainsi de tout contaminer
autour de lui.

Chaque chef-lieu de Markez comporte un médecin ap-
pointé par le Gouvernement, mais libre de faire de la clientèle, et chargé de faire exécuter les règlements sanitaires
en question dans les campagnes, sous la surveillance de
l'inspecteur. Il tient en même temps une pharmacie (1)

(1) Une loi a été promulguée en 1904 sur les pharmacies. Un
corps d'inspecteurs, à la tête duquel est un Anglais, en assure
l'observation. Des diplômes sont exigés des pharmaciens ; la
vente des toxiques est réglementée ; un manuel d'instructions a
été publié pour servir de guide aux pharmaciens, concernant la

où les indigènes du voisinage peuvent venir s'approvi-
sionner des médicaments les plus usuels, se faire panser,
et même subir des opérations de chirurgie rudimentaire.
Inutile de dire que les pauvres y sont admis gratuitement.

C'est au médecin de Markez également que chaque
matin les omdehs de village doivent envoyer par le téléphone, ou par le ghaffir, avec un bref compte-rendu de ce
qui s'est passé dans les vingt-quatre heures, le mouvement
des naissances et des décès, les maladies qui auraient été
constatées pendant ce laps de temps. Ils sont à cet effet
détenteurs de registres en partie double, où, d'accord
avec le sarraf ou collecteur d'impôts, ils doivent, d'après
les règlements, inscrire aussi les vaccinations, lesquelles
sont obligatoires pour tous les enfants à leur naissance,
comme aussi au cas de constatation de variole dans le village. A la moindre alerte, accident grave, accouchement
difficile, mort suspecte, le médecin de Markez peut ainsi
arriver sur les lieux, et au cas d'épidémie déclarée, prévenir immédiatement l'inspecteur qui se fait envoyer du
Caire le matériel de campement nécessaire pour isoler les
malades.

Aux « barbiers de village » enfin, et aux sages-femmes
ou matrones (daya), incombe le soin de tenir l'omdeh lui-
même au courant, le premier des décès, et la seconde des
naissances. L'un et l'autre sont choisis parmi des fellahs
d'un certain âge et considérés. Le barbier sanitaire est en
principe chargé des circoncisions, la daya des accouchements.
Sans être payés par le Gouvernement (1), ils sont en quel-

meilleure méthode de disposer leurs officines. Elle a été très bien
acceptée par la population indigène qui en observe généralement
les prescriptions (Lord Cromer, Rapp. de 1905.

(1) Il était question l'an dernier de rémunérer ne fût-ce que

que sorte licenciés, patentés par lui (1), à la suite d'un examen qu'ils sont tenus de passer devant le médecin du chef-lieu de la moudirieh. Mais cet examen est forcément sommaire, vu qu'ils ne savent ni lire, ni écrire, en général. On leur inculque surtout des notions de propreté pour la pratique des opérations spéciales dont ils sont respectivement chargés. C'est par leur intermédiaire qu'on s'efforce de faire pénétrer quelques habitudes d'hygiène dans les milieux ruraux ; c'est sur eux que l'on se repose pour prévenir au moindre cas suspect de maladie infectieuse.

Sir Horace Pinching, ex-directeur du Sanitary Department, à l'obligeance duquel nous devons ces renseignements, ajoutait ici en souriant : tel est du moins leur devoir. Mais ils ne le remplissent guère. Comme ils ne sont pas payés, ils reçoivent plutôt de l'argent pour ne rien faire et ne rien dire, des gens du village qui ne veulent pas être dérangés, non certes par animosité contre les Européens auteurs de tous ces règlements, mais par négligence, insouciance et fatalisme.

Telle est, depuis une quinzaine d'années, l'armature générale du service de la santé publique en Égypte, lequel se complète par un corps restreint de 4 ou 5 inspecteurs anglais, astreints à des tournées régulières, chacun d'eux dans 3 ou 4 moudiriehs. Ce service nous a paru judicieusement conçu. Les mauvaises langues prétendent qu'il n'existe que sur le papier, et que l'insouciance des barbiers de village se répète du haut en bas de l'échelle jusqu'à et y compris l'inspecteur anglais. Ce n'est pas en quelques semaines qu'on peut se faire une opinion motivée sur des

faiblement, les barbiers sanitaires. Nous croyons que c'est aujourd'hui chose faite.

(1) Et dispensés du service militaire.

racontars de ce genre. Il est bien probable que tous les cas
de peste ne sont pas signalés, que toutes les naissances ne
sont pas enregistrées ; il est même certain que les barbiers
sa nitaires et les sages-femmes de village ne répondent que
très imparfaitement à ce que l'on attend d'eux. Mais ce qui
nous a frappé en tout cas, c'est, en *matière d'assistance*, la
bonne tenue des hôpitaux que nous avons visités, au
Caire et dans les provinces ; la remarquable installation de
l'hospice des aliénés ; l'institution éminemment pratique
et hautement généreuse des hôpitaux ophtalmologiques
ambulants ; c'est, *en matière d'hygiène*, les résultats indiscu-
tables obtenus dans la lutte contre l'alcoolisme et le
hachiche, la variole, la peste même et le paludisme. Aussi
avons-nous estimé juste d'insister sur ces divers points.

Nous avons visité en détail l'hôpital de Kasr-el-Aïni sous
la conduite de son aimable directeur, le Dr Keatings. C'est
un bâtiment qui ne répond évidemment plus ni aux besoins
d'une ville considérable comme le Caire (1), ni aux exigences de l'hygiène moderne. Mais tel quel on en a certainement tiré un bon parti. Lord Cromer écrivait à ce propos en 1906 : « On a souvent énoncé le grief que l'hôpital
de Kasr-el-Aïni ne s'adaptait guère à son but ; je suis d'avis
que le grief est fondé, et qu'il faudra, un jour ou l'autre,
construire un nouvel hôpital au Caire, mais devant tous
les bâtiments dont le besoin se fait sentir ailleurs, je crains
qu'il ne doive s'écouler encore un certain temps avant que
ce travail ne puisse être commencé ». En attendant, et
pour éviter des dépenses inutiles, on ne repeint ni ne répare
guère l'hôpital actuel, ce qui lui donne un aspect assez
misérable. Un de ses principaux inconvénients est aussi
l'absence de chauffage par radiateurs dans les couloirs, qui

(1) Voir plus haut.

sont très froids en décembre et en janvier. Il n'est susceptible de recevoir que 400 malades. La disposition générale
en a été indiquée plus haut. L'extrémité de l'aile droite
est réservée à l'école des sages-femmes indigènes, recrutées
à l'âge de 16 ans au sortir de l'école des filles de Sanieh.
Ce corps de sages-femmes était tombé au-dessous du médiocre lors de la venue des Anglais; on a pu, depuis quelques années, obtenir une réelle amélioration de leur instruction, en les maintenant trois années de suite internes
dans cette école, et puis en leur faisant subir un examen
en leur imposant encore une année de stage avant de les
envoyer dans les moudiriehs, mais ce dont on continue
à se plaindre, c'est de leur moralité. Cette moralité se
relève toutefois peu à peu. Cela est aisé à comprendre;
une sorte de réprobation les frappait jadis dans la classe
indigène. Elles ne pouvaient guère trouver à se marier.
Aujourd'hui ce sot préjugé s'atténue; leur condition
sociale tend à se fixer moralement. Matériellement, elles
sont également plus favorisées que jadis, leurs salaires mensuels pouvant aller jusqu'à 9 L.E. par mois. L'école des
sages-femmes contenait cette année 12 élèves; 25 s'étaient
présentées à l'examen d'admission, mais la moitié d'entre
elles, nous dit le Dr Keatings, ne savaient réellement rien.
Ce corps de sages-femmes et de jeunes stagiaires infirmières ne suffirait pas, bien entendu, pour un hôpital de
l'importance de Kasr-el-Aïni, ni comme nombre ni comme
compétence, si on ne leur avait adjoint des nurses, appartenant la plupart à la meilleure société anglaise, et qui sont
installées à part, aux portes de l'hôpital. Ces dames (« la-
dies », insiste le Dr Keatings) ne sont payées que 6 L.E.,
car on retient 3 L.E. de leurs gages mensuels pour la
nourriture, mais elles ont la jouissance d'une jolie villa,
avec un grand jardin et... un terrain de tennis.

Sous l'école des sages-femmes, à droite du bâtiment principal et au rez-de-chaussée, se trouve la partie affectée aux visites des malades, le matin et l'après-midi à heures fixes. Des tickets sont remis par un employé à l'entrée, car depuis quelques années les malades se présentent à la visite extrêmement nombreux, les hommes surtout. Ils sont appelés chacun à leur tour, et, suivant les cas, examinés par le médecin, le chirurgien, ou l'ophtalmologiste, qui se tiennent en permanence à certaines heures chacun dans un bureau séparé. Les salles d'attente et de traitement pour les maladies d'yeux sont spécialement vastes. Au premier étage une salle spéciale pour les enfants ; il ne commence à en venir que depuis 5 ou 6 ans. Trois salles d'opération, un peu exigues et médiocrement éclairées, mais dotées des appareils de chirurgie et de stérilisation les plus perfectionnés : une pour les hommes, une pour les femmes, une pour les maladies d'yeux. Un peu plus loin, une salle réservée aux accouchements. La pharmacie, au rez-de-chaussée à gauche, contient un appareil pour stériliser chaque jour le lait des malades.

Quant à l'école de médecine (1), attenante, elle a subi des remaniements assez considérables il y a 6 ou 7 ans. Des salles ont été aménagées pour l'étude des phénomènes des rayons X. La bibliothèque est vaste et bien pourvue. Les études du Dr Elliot Smith sur la permanence du type fellah depuis 8.000 ans (il a retrouvé nombre de squelettes préhistoriques non momifiés, mais desséchés et placés dans la position d'un homme couché en chien de fusil, comme les squelettes retrouvés dans certaines parties de l'Amérique du Sud) ont abouti à la constitution d'une collection de cervelles et d'ossements unique au monde. Le laboratoire

(1) Voir plus haut.

attenant à l'école fait environ 400 analyses médico-légales par an.

Il faut enfin signaler la Crèche, où l'on apporte les enfants trouvés, attenante à l'hôpital. Leur mortalité est effrayante, en moyenne 60 o/o au minimum. Nous relevons ceci dans le rapport de lord Cromer de 1906 : « Sur 112 enfants admis l'an dernier à Kasr-el-Aïni, 95 ont succombé. Cette mortalité est due entièrement à la condition déplorable où sont trouvés ces enfants, la plupart venus avant termes et syphilitiques, abandonnés aussitôt après leur naissance, et généralement recueillis seulement après avoir été de longues heures exposés aux intempéries (1). »

Au reste la mortalité infantile, nous l'avons déjà signalé, est en Égypte, chez les indigènes, très élevée. Voici le tableau de la mortalité au Caire en 1906 :

Égyptiens. . 7.605 adultes   14.927 enfants, ou le *double.*
Européens . 578 —   327 — ou un *peu
plus de moitié.*

Il est suggestif.

Un éminent praticien français, que nous avons rencontré au cours de notre voyage, nous a déclaré que les femmes avaient *en moyenne,* dans la Haute-Égypte, chacune *14 grossesses,* mais qu'elles n'élevaient guère que 4 ou 5 enfants, mortalité infantile des 2/3! Comme nous nous permettions de lui demander son avis sur le corps médical égyptien sorti de l'école de médecine du Caire, il nous répondit qu'il le considérait comme très médiocre au point de vue des connaissances scientifiques. Il jugeait de la même façon l'école des sages-femmes, l'école polytechnique,

(1) Il n'existe pas en Égypte de maternité.

l'école des Arts et Métiers. Toutes ces institutions ont, d'après lui, baissé de niveau. Telles quelles, elles rendent toutefois des services, mais semblent peu susceptibles de perfectionnement. En revanche, il louait hautement l'organisation de l'Asile des Aliénés et le fonctionnement du service sanitaire, spécialement son laboratoire d'analyses... Nous ne citerons que pour mémoire l'appréciation évidemment tendancieuse d'un de nos agents Consulaires, Copte, d'après lequel les Anglais chercheraient volontairement à former des médecins tellement médiocres qu'on ne pourrait faire autrement que de les remplacer bientôt — par des Anglais.

Les hôpitaux de province que nous avons vus, à Zagazig, Minieh, Medinet-El-Fayoum et Assouan, nous ont laissé une impression très favorable, et pourtant le personnel n'avait pas été avisé par avance qu'un étranger dût venir les visiter, ainsi qu'il arriva à Kasr-El-Aïni. Sur des proportions plus réduites, ils sont même bien mieux conditionnés et outillés que l'hôpital du Caire, parce qu'ils sont de création récente. Les pavillons y sont en général isolés les uns des autres; la cuisine est à part, la buanderie également. Le style, dit colonial, de ces pavillons, avec vérandahs, permet aux convalescents de rechercher le soleil en hiver, ou la fraîcheur en été, suivant les expositions. L'installation des laboratoires et des salles d'opération est parfaitement conçue, et moderne. Les femmes sont séparées des hommes. A Minieh, on nous montre même un bâtiment distinct pour les prisonniers, un autre pour l'isolement absolu des cas suspects. Chaque hôpital est pourvu de sa salle et de ses appareils de désinfection. A Medinet-El-Fayoum, à Assouan surtout, les bâtiments sont entourés de jardins coquettement tenus. L'air circule librement partout. Au centre de grands filtres Pasteur pour l'eau. La

moyenne des lits est de 50 par hôpital. Tout est très proprement tenu. Comme Kasr-El-Aïni, ces hôpitaux servent
tous en même temps de dispensaires, c'est-à-dire donnent
des consultations gratuites aux gens du dehors. Le nombre
de ces « Out-patients » a été de 125.128 traités dans les
divers hôpitaux égyptiens de Gouvernement en 1905.
Le nombre des malades avait été de 29.237 cette même
année. (Ces chiffres ne comprennent pas les malades infec-
tieux soignés dans les ambulances). En 1893, on n'avait
reçu que 17.473 personnes, l'augmentation est donc d'environ 1.000 par an. « La confiance de la population s'accroît
chaque jour ; ils viennent maintenant d'eux-mêmes là où
ils ne se présentaient que forcés par la police » (1).

L'hospice des aliénés de l'Abassieh, aux portes du Caire,
dans le désert, est un établissement de premier ordre.
Constitué par la réunion d'un ancien palais d'Ibrahim-Pacha
et de l'ancien hôpital militaire, il a reçu une accommodation
aussi parfaite que possible. 750 malades y ont été admis en
1906, 896 en 1907, mais l'encombrement est tel que les
locaux sont loin d'être suffisants. Aussi la construction
d'un autre grand hospice, pouvant contenir 600 lits, a-t-
elle été mise à l'étude. Le coût de cette construction, qui
doit être terminée en 1910, et qui sera élevée un peu plus
loin dans le désert, à Khanka, sur une superficie de 400
feddans (170 hect.) est estimé à 107.000 L. E. dans le
dernier rapport de Lord Cromer. Le nouvel hôpital sera
probablement relié au Caire par une ligne de tramways
électriques spéciale. On y internera les convalescents, les
malades chroniques les plus calmes, et ceux qui peuvent
travailler, sauf toutefois les criminels. [Les plans de l'hô-

(1) *Rapp. du Sanitary Department,* pour 1905.

pital actuel et de l'hôpital projeté sont insérés au commencement et à la fin du XIIIᵉ rapport annuel du médecin chef de l'asile des Aliénés. On pourra juger de leur importance]. Nous avons consacré à la visite de l'hospice plus de deux heures, sous la conduite du Dʳ John Warnocks, le médecin-chef en question. Nous ne saurions passer sous silence l'intelligence, le caractère, le dévouement qu'il nous a paru avoir apportés depuis 12 années, date de la fondation de l'hospice, dans l'accomplissement de ses délicates fonctions, se révélant à la fois bon médecin, administrateur habile, et homme de cœur. Il a assumé seul la direction de l'asile, avec le concours d'un assistant anglais, et d'un ménage anglais ; la directrice des nurses, et son mari, économe. Tous les autres employés, hommes et femmes, sont des indigènes, dont il se plaint d'ailleurs. Il reproche aux gardes-femmes d'ignorer le sentiment de la dignité personnelle, aux infirmiers de manquer de la présence d'esprit, de l'ordre et de la méthode si nécessaires dans un établissement de ce genre. On n'en doit admirer que davantage les résultats qu'il a obtenus.

Cinq médecins indigènes, qui à leur salaires fixes de 12 L.E. par mois ajoutent 4 L.E. comme médecins aliénistes, exercent en permanence sous la surveillance du Directeur. Ce dernier est payé 83 L.E., son second 60, les nurses 7. — Le budget annuel de l'État-Major supérieur (superior staff) est de 4.762 L.E. Celui de l'État-Major inférieur (subordinate staff), composé des électriciens, des 110 surveillants de jour et des 47 surveillants de nuit, des portiers, charpentiers, boulangers, cuisiniers, jardiniers, scribes, etc... de 5.028 L.E. — L'entretien (maintenance), nourriture, eau, charbon, lumière, lingerie, vêtement, pharmacie, monte environ à 13.000 L.E. par an. Le total des frais annuels dépasse ainsi largement 500.000 francs.

Le nombre des malades pour 1905 ayant été de 695, le Dr Warnocks évaluait le coût annuel de chacun d'eux à 28 L.E. 535 ou 0,078 millième par jour, mais les recettes étant portées en déduction, ce chiffre tombait à 24 L.E. 333 par an, ou 0.066 millième par jour. Les recettes auxquelles il est fait allusion proviennent d'une part des malades payants; il y en a trois classes (1) — ayant rapporté près de 3.000 L.E. en 1906, et d'autre part de la vente de paniers en feuille de palmiers, nattes en paille de riz et vêtements de femmes, ouvrages de certains malades tranquilles, que l'on écoule au dehors.

Quant aux constructions, on évaluait le premier bâtiment en 1895, date de la fondation, à 21.000 L.E., l'hôpital militaire, dont l'adjonction ne remonte qu'à deux années, à 20.000 L.E.; les dépenses suplémentaires pour aménagement et matériel à 52.873 L.E., en tout 100.000 L.E. en chiffre ronds, plus de 2 millions et demi. Comme il y a 877 lits, cela ferait revenir le lit à 107 L.E. nous faisait remarquer le Dr Warnocks, ce qui est peu. L'asile de Long Grove, près de Londres, pour comparaison, est revenu à 243 L.E. par lit.

Au total 7550 malades ont été soignés en 13 ans, 1.000 sont morts dans ce même laps de temps. La mortalité est tombée peu à peu de 33 à 9.50 pour 100. Une section spéciale est réservée aux fous criminels, après examen de leur état à l'asile de la prison de Tourah, où on les met d'abord en surveillance.

Il résulte des statistiques comparées des genres de folie

(1) La première classe paie 10 fr. par jour.
—deuxième — 5 fr. par jour. Grande majorité gratuits.
Ces malades ont une cuisine à part.

et des catégories de çrimes que la plupart de ces derniers sont perpétrés pour les individus paraissant les moins dangereux, classés parmi les imbéciles ou les persécutés par persuasion. Les manies chroniques et aiguës, la paralysie générale, les intoxications n'entraînent que rarement au crime. Sur 91 cas de manie furieuse observés, et dont plusieurs avait nécessité la camisole de force, on a trouvé un seul criminel. Sur 60 cas de folie criminelle observés, 17, près du tiers, avaient pour origine la pelagra, cette curieuse et terrible maladie due, croit-on, à la nourriture de maïs, ou plutôt à certain champignon du maïs, et qui sévit également dans la vallée du Pô. Cette proportion paraît énorme, mais eu égard aux milliers de cas de pelagra qui fourmillent dans la Basse-Égypte, le Dr Warnocks ne la trouve pas considérable. Sur ces mêmes 60 cas, 19 avaient donné lieu à des vols, 10 à des meurtres, 1 seulement à un attentat à la pudeur. Quant aux aliénés ordinaires, on trouve à la page 20 du rapport du Dr Warnocks pour *1906*, la proportion des diverses formes de leurs maladies. On y relève la grande proportion, ici encore, de la pelagra, près du quart, et celle du hachich, près de 10 o/o. L'alcoolisme n'était représenté cette année-là que par 29 individus sur 536, mais il y avait dans ce chiffre 14 musulmans sur 403, 15 chrétiens sur 113... (1).

Il est peut-être bon de noter ici que l'hôpital ne reçoit pas seulement en effet des indigènes, et des Égyptiens. Sa réputation commence à s'étendre fort loin. Des Turcs, des Soudanais, y sont hospitalisés ; des Syriens et des Arméniens, des Grecs et des Italiens, des Français, des Russes,

(1) Nous avouons ne pas savoir si le fait est particulier à l'Égypte, ou si l'expérience le vérifie dans tous les établissements du même ordre.

des Anglais, des Suisses, des Autrichiens, et, pour l'année 1906, 8 israëlites.

Le 7 o/o des aliénés hommes souffre de paralysie générale, et le 25 o/o des décès est provoqué par cette cause. Plus de moitié des cas d'intoxication par le hachiche proviennent du Caire et d'Alexandrie, 37 sur 60, en un an, ce qui tend à prouver que la funeste fumerie est peu pratiquée dans la classe rurale.

Une nouvelle loi sur les aliénés a été reconnue nécessaire ; lord Cromer en annonçait en 1904 la promulgation prochaine. Nous croyons que cette promulgation n'a pas encore eu lieu.

L'hôpital ophtalmologique rend des services aussi précieux que l'asile des Aliénés et répond à des besoins plus impérieux encore. Les maladies d'yeux sont si répandues en Égypte (1) qu'on a par moments l'impression de n'avoir devant soi que des borgnes ou des aveugles (2). Les trois quarts certainement des fellahs sont atteints ou menacés d'être atteints de conjonctivite granuleuse. Il faut en chercher la cause première dans l'ardeur du soleil et dans cette poussière épaisse, qu'aucune pluie ne vient jamais abattre, et qui, s'augmentant de l'apport, par le vent, des sables du

(1) Hérodote signale déjà l'existence de spécialistes ophtalmologiques du temps des Pharaons. — Diodore de Sicile parle également de la fréquence des maladies d'yeux en Égypte. — Volney disait avoir rencontré au Caire, « sur 100 personnes, 20 aveugles, 10 borgnes, et 20 aux yeux rouges, purulents et tachés ».

(2) Et ce ne serait plus rien par comparaison maintenant, s'il en faut croire ce mot de lady Duff Gordon à qui lord Cromer demandait quel changement l'avait le plus frappée en Égypte après une absence de 40 années, et qui répondit : C'est la notable diminution de l'ophtalmie.

désert si proche, est un des pires désagréments d'un séjour sur les bords du Nil. Les brouillards qui se développent en automne sur le fleuve et ses canaux de dérivation sont également très pernicieux ; il faut y ajouter le manque total de propreté et de soins (1) et les pratiques néfastes des charlatans indigènes. Aussi doit-on applaudir à l'initiative d'un homme généreux, le financier Sir Ernest Cassel, qui institua en 1902 une dotation au capital de 40.000 L. E. dont les intérêts devaient être consacrés « au traitement des personnes atteintes de maladies d'yeux en Égypte ». Les 40.000 L. E. étaient représentées par des parts de l'Agricultural Bank ; en octobre 1904, on vendit ces parts, on racheta des actions de préférence de la même banque, et l'on réalisa ainsi une somme de 62.917 L. E. par an. Ces revenus sont versés par le Directeur de la National Bank entre les mains du Ministre des Finances, et insérés depuis lors chaque année dans le budget régulier de l'hôpital ophtalmologique.

C'est en effet le gouvernement anglo-égyptien qui avait été chargé par sir E. Cassel de l'utilisation la plus pratique des fonds dans le but indiqué. Quelques divergences d'opinion, s'étaient tout d'abord présentées sur le meilleur moyen de les employer, mais on se rallia à l'opinion de sir Horace Pinching, alors directeur du *Sanitary Department*, qui proposa de créer des hôpitaux ophtalmologiques *ambulants*. Cette proposition était fondée sur une connaissance exacte des besoins réels du pays. Elle obtint rapidement une réalisation pratique, et l'essai a parfaitement

(1) Un préjugé est enraciné dans la population, qu'il ne faut laver les yeux en état de sécrétion, de peur de les perdre, qu'après une durée de 8 jours selon les uns, de 40 jours selon les autres !

réussi. Il nous a été donné de visiter l'hôpital en déplacement à Minieh. De solides palissades entourent un vaste enclos mis en général à la disposition du Ministère de l'Intérieur par les habitants de la ville aux portes de laquelle doit s'installer le campement (1). Au centre la tente opératoire, très vaste, avec deux tables d'opération, un stérilisateur, une pharmacie très complète. A droite de l'entrée, la tente de l'inspecteur anglais, le docteur Mac Callan, divisée en deux parties, la partie antérieure servant à la visite, l'autre de chambre à coucher.

Même dispositif dans la tente suivante, destinée au médecin, anglais également, spécialiste d'une école de Birmingham, puis la tente de son assistant indigène. En face, à gauche, une tente destinée aux malades (hommes) réclamant, avant ou après l'opération, une surveillance de quelques jours ou des pansements spéciaux, une pour les malades (femmes) dans le même cas, et une pour le personnel de service, indigène, quelques infirmiers et infirmières. Les visites ont lieu toute la matinée. Chaque jour se présentaient alors à Minieh de 150 à 200 individus, femmes en majorité, et tous de l'aspect le plus misérable.

Les causes les plus importantes de la cécité en Égypte sont l'ophtalmie granuleuse, le glaucome, l'ophtalmie purulente, et la variole. Le trachome, fréquent en Europe, tend à diminuer là-bas.

A noter que la population des campagnes a accepté de très bonne volonté cette institution si nouvelle pour elle. « Il n'y a jamais eu », écrivait dès la première année de son fonctionnement le Dᵣ Mac Callan, « la moindre hésitation parmi les fellahs à accepter les soins de l'hôpital, ni à se

(1) Parfois c'est une usine d'égrenage de coton, chômant momentanément, qui sert d'abri.

soumettre à n'importe quelle opération que j'avais pres-
crite. »

Cet hôpital, en se transportant de trois mois en trois
mois d'un point à un autre, a rendu depuis trois ans des
services inappréciables. Mais déjà en 1905, on en constatait
l'insuffisance. C'est alors qu'on décida d'abord de scinder
l'hôpital en deux, de faire deux campements ambulants,
puis de construire graduellement des hôpitaux ophtalmologiques permanents dans chaque chef-lieu de moudirieh.
Il est évident que « sous la tente, le travail ne peut se
continuer d'un bout de l'année à l'autre, et que les conditions de confort y sont médiocres, aussi bien pour les pa-
tients que pour les médecins » (1). « La besogne est particulièrement pénible sous la tente en été, au moment où
les inflammations aiguës de l'œil sont plus communes qu'à
aucune autre époque de l'année » (2). Un pareil projet de-
mandera du temps pour sa mise à exécution. Cependant
un premier hôpital a été ouvert à Tantah en 1906, un second était prévu à Assiout, en 1907.

Voici ce qu'écrivait sir H. Pinching en 1906 :

« Partout en Égypte on commence à apprécier les services
rendus par ces hôpitaux, non seulement parmi les classes
pauvres qui profitent des soins gratuits qui s'y prodiguent,
mais encore parmi les classes aisées qui se rendent compte
des souffrances qu'on y soulage »...

« Quatre médecins indigènes leurs sont attachés aujour-
d'hui. L'intérêt qu'ils prennent à leur besogne, leur énergie
et leurs progrès font plaisir à voir et promettent beaucoup
pour le développement futur du projet. » Voici quel était
en 1908 le budget prévu pour ce service :

(1) Rapp. de lord Cromer 1905.
(2) Rapp. de lord Cromer 1906.

PERSONNEL CLASSÉ

1 inspecteur de 1ᵐ classe. . . .	860 L. E.
4 médecins de 3ᵉ —	672
6 employés — . —.	420

AGENTS HORS CADRES

Gens de service	912
Allocation à deux inspecteurs . .	1.000
TOTAL. . .	3.864 L. E.
A déduire intérêts à 4 % du fonds Cassel	2.568
TOTAL reste à . . .	1.296 L. E.

soit un peu moins de 35.000 francs, pour le compte de l'État, ce qui est réellement insignifiant.

Le Dʳ Mac Callan a en outre innové d'inspecter au point de vue de la santé des yeux, les jeunes enfants des écoles du gouvernement.

L'hôpital pour maladies infectieuses, situé hors la ville et renfermant 77 lits, complète la nomenclature des établissements d'assistance officiels de l'Égypte.

Le Gouvernement n'a pas apporté moins d'attention aux questions d'hygiène proprement dite. Comme mesure de portée générale, il a d'abord promulgué en 1904 deux décrets, l'un du 9 janvier, l'autre du 25 août, qui règlementent les établissements publics, — et les établissements incommodes, insalubres, ou dangereux.

Ils s'inspirent, supposons-nous, de la législation européenne en la matière. Les détails relatifs à leur observation nous ont paru être très minutieusement rédigés. Le décret sur les établissements publics abrogeait un règlement du

21 novembre 1891 relatif au même ordre d'idées et des arrêtés de 1895 et de 1900 spéciaux au hachiche. L'article Ier du décret en question donne la nomenclature suivante de ce qui doit être considéré comme établissement public : « les cafés, restaurants, cabarets, buvettes, bars, brasseries, théâtres, cirques, cercles, clubs, et autres établissements analogues ouverts au public (1) ». Après avoir indiqué quelles personnes peuvent ouvrir des établissements publics, et dans quels quartiers, le décret stipule dans quelles conditions; interdit le débit de l'alcool sans une licence spéciale ; interdit formellement les jeux de hasard, le débit et la consommation du hachiche ; prévoit (art. 21) la désignation de commissaires spéciaux qui auront qualité pour pénétrer dans les établissements publics et vérifier la nature des boissons mises en vente », et règle (art. 31) que lorsqu'une poursuite est intentée à la fois contre des étrangers et des indigènes, pour une même contravention, la juridiction mixte sera compétente à l'égard de tous les inculpés.

Le décret sur les établissements incommodes, insalubres ou dangereux remplaçait un règlement du 25 juin 1896. Il a été complété depuis par 4 arrêtés, l'un du 5 décembre 1904 portant addition de nouveaux établissements à la liste qui en avait été primitivement dressée ; le second, du 21 janvier 1905 donnant la liste de certains villages où l'application doit être faite d'une certaine façon ; le troisième du 28 mai 1905 apportant des modifications dans la répartition par classes des établissements en question ; le quatrième, du 11 juin 1905, conférant des pouvoirs spéciaux à l'administrateur de la municipalité d'Alexandrie. —

(1) Il n'est pas fait mention des maisons de femmes. La prostitution n'est pas réglementée en Égypte.

On voit que toute cette législation est en somme récente. — L'article 1er de ce décret interdit naturellement de fonder ou d'exploiter des établissements incommodes, insalubres, ou dangereux sans une autorisation préalable ; les articles suivants précisent les conditions dans lesquelles cette autorisation doit être sollicitée. Un règlement d'administration répartit les dits établissements dont la liste est fort longue, en trois classes. Pour ceux de la première classe, les autorisations sont délivrées par le Ministère de l'Intérieur ; pour ceux de la seconde, par le gouvernorat ou la Moudirieh ; pour ceux de la troisième, par les mamours markez (sous-préfets). Toute demande doit être accompagnée d'une certaine somme à verser au Gouvernement pour frais d'enquête : 100 P. T. pour la première classe, 50 pour la seconde, et 30 pour la troisième. — L'article 7 déclare que : « toute contravention aux dispositions du décret ou du règlement sera punie d'un emprisonnement ne dépassant pas une semaine et d'une amende n'excédant pas 100 P. T., ou d'une de ces peines seulement ». L'application de ces peines aura lieu sans préjudice de la fermeture ou de la suppression de l'établissement.

Mais il faut nous arrêter spécialement aux articles 12 et 19 du décret sur les établissements publics qui sont d'un intérêt capital en ce qui concerne la condition morale du fellah. L'*article 12* a trait aux boissons alcooliques et fermentées, lesquelles, y est-il dit, ne seront pas débitées dans les établissements publics sans une licence spéciale qu'il appartient à l'Administration seule d'accorder ou de refuser. Cette licence sera délivrée gratuitement ; elle sera personnelle. Exceptionnellement, pour les établissements européens situés dans les quartiers européens des villes du Caire, d'Alexandrie, de Port-Saïd, d'Ismaïlia et de Suez, déterminés par arrêtés du Gouverneur, la déclaration d'ouverture dans les conditions du dit décret comporte *de plein droit* la licence. *L'article 19* interdit de donner à fumer, de laisser fumer, ou de débiter, sous une forme quelconque, du hachiche dans les établissements publics. En cas de contravention, le hachiche et les appareils ayant servi à le consommer sont saisis. La saisie du hachiche parmi les provisions d'un établissement fait présumer le débit. En conséquence, *le tenancier trouvé en possession de hachiche sera poursuivi pour débit de hachiche.*

Cette grave question de l'alcoolisme et du hachiche n'avait pas manqué de s'imposer on peut dire à la sollicitude émue de lord Cromer ; la façon dont il s'exprime à cet égard dans ses rapports en fait foi. En 1904, il écrivait ceci, en ce qui concerne l'alcolisme : « L'Égypte a, en général, énormément gagné à son contact avec l'Europe, mais il serait assurément honteux pour la civilisation occidentale d'apporter avec elle la destruction de cette vertu éminemment musulmane : la sobriété. Que cette vertu soit sérieusement menacée, cela ne saurait faire l'objet d'un doute ». Il rappelle ce propos en 1906 et ajoute : « Je continue à nourrir la même opinion, et à l'égard de la honte qui en surgit pour la civilisation occidentale, et à l'égard du danger qui menace l'Égypte. Je dois seulement ajouter qu'avec chaque année qui passe sans voir réformer par la base les lois existantes, ce danger s'affirme davantage et s'accroît. » Il ne s'accroît cependant que dans une mesure très faible et dans un milieu restreint, la classe citadine et européenne. Le fellah n'est pour ainsi dire jamais rencontré en état d'ivresse, « on ne saurait tenir en Égypte l'alcoolisme pour un facteur de crir . » », reconnaît lui-même lord Cromer. Nous avons vu d'autre part qu'il paraît n'entraîner qu'un nombre relativement restreint de

cas de parmi les indigènes. L'araki ou zebib, sorte de rata-
fia importé de Turquie, est seul consommé dans la classe
populaire. Il est débité par les Grecs, agents exclusifs de
ce commerce spécial de liqueurs, dans d'ignobles bou-
tiques ou cantines désignées sous le nom de *bakhals*, qu'on
trouve dans les moindres agglomérations rurales, et qui,
sous couleur de vendre de l'épicerie au fellah, cherchent
à lui écouler des boissons frelatées. Ce sont les bakhals,
que visait spécialement l'article du décret précité. Depuis
1905, Mʳ Machell, conseiller à l'Intérieur, a examiné lui-
même toutes les requêtes adressées en vue de se faire déli-
vrer une patente dans les villages dont la population est
inférieure à 3.000 habitants. On a ainsi obtenu d'excellents
résultats. De 4.314, le nombre des débits de boissons est
tombé à 3.425, dont près de 1.000 dans les quartiers européens du Caire, d'Alexandrie, de Port-Saïd, et de Suez. 55
buvettes seulement existaient dans les villages d'une population inférieure à 3.000 âmes.

En ce qui regarde la nationalité des tenanciers, 1986
étaient sujets étrangers, 1439 sujets locaux, 151 de ces derniers seulement étaient musulmans. L'humour naturelle
au Ministre d'Angleterre lui fait constater ici : « Je suppose
que les autres étaient des chrétiens. » L'alcoolisme se trouve
donc confiné dans les villes et peu répandu dans la classe
rurale indigène. Au sujet des difficultés que le Gouvernement éprouve à lutter contre lui, lord Cromer écrit les
lignes suivantes, que l'impartialité nous fait un devoir de
relever, quoiqu'elles soient dirigées contre les capitulations, cette bête noire de lord Cromer, dont la France n'a
pas cessé de se constituer la gardienne vigilante sur les
bords du Nil :

« Un grand nombre de questions demandent de l'attention en Égypte. En ce qui regarde plusieurs d'entre elles,

telles que la propagation de l'instruction, l'emploi d'agents égyptiens au lieu d'européens, et quelques autres, je puis affirmer avec une absolue confiance qu'encore que certains détails puissent peut-être prêter à la critique, la politique généralement suivie est saine, et est, de plus, entièrement conforme à ce qui, me semble-t-il, constitue le fond même de l'opinion anglaise, au Parlement, et hors du Parlement. Cette politique est, a toujours été, nettement libérale. Tout ce qu'il faut c'est du temps et de l'argent pour lui permettre de se développer selon le plan conçu, et déjà en partie exécuté. Mais il existe une autre série de réformes à l'égard desquelles ne s'accomplit qu'un progrès bien lent. Parmi ces réformes, celles qui ont trait à la moralité publique, notamment à la suppression de certaines catégories de vices, occupent une place importante. Je constate, aux nombreuses questions qui ont été posées, qu'un grand intérêt s'éveille autour de pareilles causes au sein du Parlement.

« La raison pour laquelle on ne fait que si peu de progrès à l'égard de ces causes est que le régime des Capitulations, tel qu'il est aujourd'hui appliqué, barre effectivement la voie. Je ne saurais appuyer assez fortement sur ce point, auprès de ceux qu'attire la question des réformes en Égypte, qu'à moins de modifier ce régime, nul progrès sérieux et rapide ne sera possible en certaines matières. On pourrait demander pourquoi l'on n'adresserait pas, à l'égard de chacun des points qui ont besoin de remèdes, un appel aux puissances. On a essayé de ce système, et l'on s'est trouvé en présence de résultats qui sont bien loin d'être encourageants. Je pourrai peut-être mieux faire comprendre à mes lecteurs anglais la raison pour laquelle ce procédé n'a point réussi en leur rappelant toutes les difficultés qu'il y a à faire admettre, par l'une et l'autre Chambre du Parlement, un seul projet de loi vivement contesté. Ils comprendront aisément, je pense, que ces difficultés se trouvent indéfiniment agrandies, lorsqu'il s'agit de soumettre les différentes mesures législatives nécessaires à l'Égypte, non à deux assemblées seulement, mais à quinze gouvernements différents dont quelques-uns ne peuvent répondre qu'après avoir consulté leurs parlements.

« Je ne connais d'autre remède à cet état de choses que celui que j'ai indiqué déjà, savoir la création d'un corps législatif local investi du pouvoir de voter des lois applicables à tous les européens habitant l'Égypte. Le premier soin de cette assemblée, une fois établie, sera d'établir des Cours criminelles ayant pouvoir de punir la violation de toute loi qu'elle aura décrétée. Alors, et alors seulement, on pourra s'occuper avec quelque espoir de succès des différentes questions qui demandent en Égypte de l'attention. »

« D'ici jusqu'à ce qu'on ait adopté cette mesure, qui seule présente une solution radicale des difficultés présentes, on continuera comme dans le passé, à faire tous les petits efforts qu'on pourra en vue d'arriver à quelque réforme. Mais il importe de se préparer à des déceptions à l'égard des résultats qui seront atteints. Ils ne seront rien moins que satisfaisants. Je soutiens donc avec vigueur que tous les efforts des réformateurs égyptiens doivent se concentrer autour de ce point. Envisagée au point de vue des intérêts égyptiens ou européens, ou de celui de la dignité du Gouvernement britannique et de la civilisation européenne en général, cette question présente une importance souveraine. Toutes les autres sont insignifiantes à côté. En attendant, il n'est pas simplement injuste, il est inutile de condamner les gouvernements britannique ou égyptien ou leurs agents du fait de la présence d'abus, qu'eux-mêmes reconnaissent et déplorent, mais contre lesquels ils seront impuissants

tant que le système législatif existant en Égypte n'aura pas
été réformé (1). »

Ces amères déclarations de principe peuvent s'appliquer
aux établissements de hachiche comme aux débits de bois-
son. Or l'usage de cette drogue exerce, beaucoup plus que
l'alcool, des effets pernicieux sur le gros de la population.
Tout le hachiche venant de Grèce, le Gouvernement égyptien aurait voulu obtenir, lors du renouvellement de son
traité de commerce avec ce pays, du Gouvernement hellé-
nique la prohibition absolue de la culture du hachiche. Ce
fut impossible. La Grèce consentit seulement à imposer de
taxes nouvelles les terrains cultivés en hachiche et à inter-
dire son exportation à destination de l'Égypte. Mais la
contrebande, fort lucrative aux cours actuels du hachiche,
s'exerce pire que jamais sans qu'on puisse réussir à l'en-
traver. Les bateaux qui la pratiquent ont recours à toutes
sortes de subterfuges pour échapper à la vigilance des
garde-côtes; en outre il est très malaisé d'établir devant
les tribunaux la culpabilité du capitaine et de l'équipage.
Les contrebandiers vont jusqu'à charger de plomb leurs
sacs de hachiche et à les immerger, en cas d'alerte, dans
la mer avec une petite bouée indicatrice, pour venir les re-
pêcher plus tard. En ce qui concerne le débit, ce sont les
mêmes difficultés de surveillance que pour l'alcool. « Ces
difficultés, insiste lord Cromer, dénoncent on ne peut
mieux le régime des Capitulations », et il cite ce cas assez
typique, en effet, que nous reproduisons textuellement :

« Un café appartenait à Alexandrie, à un sujet local. A
sa mort un français le prend. La police intente des poursuites à son encontre. Il est condamné, le 15 mai 1905,
à une amende de 1 L.E. et aux frais, ainsi qu'à la ferme-

(1) Rapport de 1906.

ture de l'établissement. Celui-ci est de suite rouvert par
un Italien, comme cabaret, non patenté. A son tour le
nouveau tenancier est condamné à une amende de 1 L.E.
et à trois jours d'emprisonnement ; on lui ordonne en
outre de fermer son établissement le 9 octobre 1905. Il
a été, immédiatement, rouvert comme assommoir non
patenté par un autre Italien qui le 11 décembre recevait
l'ordre de le fermer, et était condamné à une amende
de 1 L.E. et aux frais, avec 7 jours de prison. Dans l'in-
tervalle le local avait été transféré à un sujet français qui,
le 18 décembre, recevait l'ordre de le fermer, et était
condamné à une amende de 2 L.E. et aux frais, plus qua-
torze jours de prison.... »

« Les propriétaires étrangers de ces cafés ou assommoirs
ont recours à plus d'un expédient pour se dérober à
la loi. Ils s'adressent fréquemment à un avocat qui essaie
de faire ajourner l'affaire d'une séance à l'autre, sous prétexte que son client est malade. Quand celui ci se présente
au tribunal l'avocat obtient encore un renvoi pour introduction de témoins en faveur du prévenu. Lorsque l'affaire
est finalement entendue et qu'une sentence de fermeture a
été rendue, il est interjeté appel, et plusieurs mois peuvent
s'écouler avant que l'affaire soit finalement appelée et
jugée. Aussitôt l'arrêt rendu, l'huissier qui va de la part
de la Cour pour fermer l'établissement trouve qu'il a
été ouvert pour une autre personne, et voici que toute
la procédure est à recommencer !... »

« Certains sujets étrangers font le commerce de leur
nom en le prêtant aux véritables propriétaires de cafés et
assommoirs de hachiche. Ils mettent souvent sur le mur
extérieur un tableau portant le nom du tenancier, suivi de
la mention : sujet... Parfois les couleurs nationales sont
peintes sur le tableau, ou flottent devant l'établissement... »

On voit, d'après les lignes qui précèdent, que si les pouvoirs officiels n'ont pas obtenu grand'chose en Égypte dans leur lutte contre les funestes effets du hachiche et de l'alcool, on est mal fondé à les charger d'une trop lourde responsabilité. Leurs efforts en vue de combattre la variole, et aussi la rage, ont été davantage couronnés de succès, les conditions étant ici très différentes. La vaccination (1) a été décrétée obligatoire pour tous, « les enfants nouveau-nés de l'Égypte et de ses dépendances, dans les trois mois de la naissance », le 17 décembre 1890. Elle est aujourd'hui entrée tout-à-fait dans les mœurs des indigènes (2). Les mères amènent d'elles-mêmes très volontiers leurs enfants au praticien. La vaccination fut imposée aux élèves des écoles pour la première fois en 1884 avec revaccination tous les 7 ans.

Voici la progression des vaccinations :

En 1903. . . . . 406.856
1904. . . . . 408.981
1905. . . . . 426.889
1906. . . . . 439.000

Elle croit donc régulièrement, et son chiffre absolu est considérable, bien qu'il ne corresponde pas évidemment à celui de toutes les naissances. L'institut de vaccination du Caire, service annexe du Sanitary Department, prépare la lymphe vaccinale. On se déclare très satisfait de ses résul-

(1) D'après le baron Larrey (mémoires de l'expédition d'Égypte), l'inoculation, ou *achat de la petite vérole*, comme l'appelaient les fellahs, était alors connu jusqu'aux sources du Nil, et cela depuis les temps les plus reculés.
(2) Il n'y a aucun contrôle pour la population européenne, toujours en raison des Capitulations.

tats, qui auraient donné 98 o/o de réussite pour les vaccinations et 82 o/o pour les revaccinations.

Pour la rage, de bons résultats également, mais plus
récents. Jusqu'en 1904, le nombre des personnes mordues
par des chiens enragés ou suspects s'était accru dans de
sérieuses proportions. En 1905 on adopta des mesures
sévères pour le musellement des chiens en ville et la destruction des chiens errants sans propriétaire connu. La
même année, le gouvernement décida de se charger lui-
même du service de l'institut antirabique du Caire, effectué
jusqu'alors par les soins de la Société italienne de bienfaisance. Des bâtiments spéciaux lui furent consacrés, à portée du laboratoire des services sanitaires. Son directeur est
un français : cet hommage était dû à la patrie de Pasteur.
Dès l'année 1906, 450 personnes y étaient traitées, dont
quatre seulement succombèrent, proportion infime comparativement aux années précédentes.

C'est ici le lieu de parler de la peste,

« Puisqu'il faut l'appeler par son nom »,

et bien que ce soit un de ces sujets, comme le fonctionnement de l'École d'Agriculture et l'état de viabilité des
routes, sur lesquels il est bon de ne pas trop insister en
Égypte. La peste, comme chacun sait, y existe en effet à
l'état endémique et y existera sans doute longtemps encore. Il convient d'ajouter que la masse du public s'en
préoccupe fort peu. Il suffit pour cela, qu'elle frappe seulement les indigènes et spécialement les plus misérables
d'entre eux. Dans un de ses rapports, sir H. Pinching met
en comparaison le nombre des décès causés à Alexandrie
par la grande épidémie de 1834 à 1843 avec le nombre
des décès constatés entre 1899 et 1905. Il relève dans la

première période 12.380 décès en 10 ans, et dans la seconde 6.470 en 7 ans. La différence est sans doute considérable, mais sir H. Pinching ajoute loyalement que les statistiques relatives à la première période sont peut-être très
imparfaites, et que, même réduite à ces proportions, la
peste n'en demeure pas moins un fléau. De 855 cas en
1904, on était tombé à 266 en 1905, mais on est remonté
à 631 en 1906, et sir Horace écrit encore que c'est seulement au prix d'une attention et d'une surveillance cons-
tantes qu'on arrive à *tenir en échec* la contagion. C'est là l'expression juste. On n'élimine pas la peste ; on arrive tout
juste à l'empêcher de se développer. La marche de cette
maladie est moins rapide et moins dangereuse à coup sûr
que celle du choléra, dont les effets sont foudroyants ;
mais à l'inverse de ce dernier qui vient un beau matin puis
disparaît tout d'un coup et complètement, elle s'insinue
traîtreusement et s'éternise : c'est un feu couvant sous la
cendre, qui ne s'éteint jamais. On en connaît deux formes,
la peste bubonique et la peste pneumonique, cette dernière
infiniment plus redoutable. Nous devons à l'obligeance du
chef de service des hôpitaux de gouvernement d'intéressantes statistiques, sur le nombre des cas et des décès suivant les âges, les sexes, et les parties du corps attaquées.
Il en résulte en particulier que c'est surtout de 10 à 20 ans
que la peste est à redouter. Pour 135 jeunes gens de cet
âge qui en auraient été atteints sur 556 cas étudiés, on
n'en aurait compté que 99 de 20 à 30 ans, 77 de 30 à 40
ans, 72 de 5 à 10 ans, et seulement 29 de 50 à 60 ans. —
Quant à la mortalité constatée dans ces 556 cas, elle était
fort élevée, près de moitié ; exactement 49, 40 o/o. — On
ne connaît guère jusqu'à présent d'autre traitement que
l'isolement et la désinfection. Sur ce point nous relevons
encore cette déclaration de sir Horace Pinching : « L'opi-

nion du professeur Koch et celle d'autres encore est que le point essentiel pour arriver à enrayer complètement la peste dans un pays serait de découvrir quelque maladie mortelle qui puisse être communiquée aux rats et aux souris seulement et non pas à d'autres animaux... C'est ce qu'on a trouvé pour le campagnol ou rat des champs avec le bacille de Lœfler, nuisible seulement à cette espèce de rongeurs. Tant qu'une telle découverte n'aura pas été faite, je crains que nous n'ayons à redouter le retour de la peste en Égypte pendant quelques années encore... » Cette déclaration équivaut momentanément à un aveu d'impuissance.

Le baron Larrey avait étudié de près les pestiférés qu'il soignait pendant la campagne de Bonaparte. Il prétend dans son mémoire avoir constaté que la peste diminuait quand la petite vérole régnait, et inversement, sans pouvoir d'ailleurs donner d'explication de ce fait assez singulier. Faut-il en voir une vérification dans l'état actuel de l'Égypte, où la petite vérole est maintenant très rare ? nous ne le croyons pas. Toujours est-il que la peste est un danger, non peut-être très grave, mais sournois et permanent, pour les populations rurales de l'Égypte.

Le Département de la Santé publique a fait éditer l'an dernier un manuel d'instructions à l'usage de ses agents au cas d'éclosion de peste. Il faut signaler la précision méticuleuse avec laquelle il est rédigé. La procédure à suivre dès la moindre alerte dans les villages, suivant qu'ils sont ou non pourvus de stations de désinfection, la manière de prélever des « specimens » sur les malades, les devoirs respectifs du moudir, du mamour markez, des omdehs, en pareille occurrence ; la façon d'établir rapidement une petite carte topographique du village infecté, la constitution des équipes de désinfection, les attributions spéciales de la police, l'empoisonnement des rats, l'aménagement des hôpitaux de fortune, les mesures à prendre en cas de mort, tout y est indiqué par le menu. Ce petit manuel est complété par le décret du 27 mai 1899 et l'arrêté ministériel de 1901 qui légifèrent sur la matière.

Il est enfin une maladie, d'un tout autre caractère, contre laquelle on est arrivé au contraire à lutter très efficacement en Égypte et qui intéresse au premier chef la Tunisie, nous voulons parler de la fièvre paludéenne. Non que le paludisme sévisse généralement, comme on pourrait le croire, dans ce pays d'irrigation, ce qui prouve bien, entre parenthèses, que le paludisme ne se développe que dans les régions d'*eau stagnante*, et que le plus léger courant entrave l'éclosion du moustique anophèle, — mais il a pris le long du canal de Suez des proportions inouïes, et dans l'intérieur même du pays on en relève de temps à autre quelques cas (1). Ces cas sont presque toujours dus au voisinage non de l'eau du Nil dans les canaux, mais des birkets ou mares d'eau croupissante qui entourent un certain nombre de villages et proviennent des déblais que les gens du pays ont pratiqués pour y prendre la terre nécessaire à la confection des briques de leurs gourbis. Ces birkets tendaient déjà à se combler d'elles-mêmes depuis quelques années du fait de la valeur que prennent aujourd'hui, une fois assainis, ces terrains en bordure des villages (jusqu'à 500 L. E. le feddan *25.000 fr. l'hectare*), mais le Gouvernement, pour activer ce mouvement, décida de tenir compte de ses frais à celui qui entreprendrait le dessèchement, soit en l'indemnisant, soit en lui cédant le terrain à perte. Dans le budget de l'exercice 1906 figurait une somme de 5.000 L. E. avec cette affectation spéciale de

(1) 56 cas dans la province du Fayoum pour 1907, par exemple.

« comblement de birkets ». Certaines municipalités de petites villes ont contribué de leurs deniers à ce travail d'assainissement. C'est ainsi que les habitants de Medinet-el-Fayoum avaient réuni l'an dernier 1.200 L. E., *motu proprio*.

Mais les efforts les plus remarquables dans cette voie ont été tentés par l'initiative privée ; nous faisons allusion à la Compagnie du Canal de Suez dont les expériences poursuivies à Ismaïlia ont fait l'étonnement du monde savant par l'amplitude de leurs résultats, et l'éclatante confirmation qu'elles ont apportée aux théories du Dr Laveran sur la prophyllaxie du paludisme. Si vulgarisée qu'ait été à l'époque, par la presse, cette campagne pacifique et glorieuse, il est tout indiqué d'en dire ici ne fût-ce que quelques mots.

§ 2º

La ville d'Ismaïlia, qui doit, comme chacune sait, sa création au percement du canal de Suez, avait toujours été réputée pour sa salubrité quand, au mois de septembre 1877, la fièvre paludéenne y fit brusquement son apparition. Pour quelles raisons, il est malaisé de l'établir. On suppose que des ouvriers italiens déjà impaludés étant venus à cette époque travailler au canal Ismaïlieh, et des mares s'étant d'autre part formées autour de la ville à la suite des travaux de déblaiement et de l'adduction dans ce canal *d'eau douce*, les moustiques s'y développèrent et disséminèrent la contagion. Personne n'ignore aujourd'hui qu'il faut en effet ces trois éléments pour que le paludisme se propage : de l'eau *stagnante* et *douce*, des *moustiques* du genre *anophèle* (découverte de Laveran en 1880 — découvertes de Koss et de Grassi en 1898) —

et enfin des *individus* déjà *impaludés*, le moustique ne servant en réalité que de véhicule et non d'agent de transmission directe de la maladie. Toujours est-il qu'en 1880 on comptait déjà un demi-millier d'impaludés dans la ville, dont les habitants n'étaient pas très nombreux (à peine 8.000) et qu'en 1886 on était arrivé à 2.500. A partir de ce moment, on peut dire que la population entière fut plus ou moins atteinte, successivement, et devant l'envahissement du mal, et dans l'ignorance du remède, on envisagea même l'éventualité d'abandonner la ville. C'est en 1901 seulement que le Prince Auguste d'Aremberg, Président du Conseil d'Administration de la compagnie, résolut de faire une tentative décisive en conformité des opinions qui venaient d'être acquises sur le rôle du moustique dans la propagation du paludisme. Cette tentative a si pleinement et si rapidement réussi que dès l'année suivante (1902), on ne comptait plus que 1500 impaludés au lieu de 2000 (chiffre de 1901); — 200 et quelques seulement en 1903 ; — 100 en 1904 ; — un peu moins en 1905, et 0 cas **en 1906**.

Il n'est peut-être pas dans les annales médicales de plus catégorique justification d'une thèse de laboratoire ; pas d'œuvre philanthopique atteignant si complètement son but et en aussi peu de temps. Mais un tel résultat n'a pas été obtenu sans des efforts méthodiques dont il faut faire remonter tout le mérite au personnel de l'administration du Canal, composé en majeure partie de français, et spécialement à son éminent président, qui donna l'impulsion première et soutint les bonnes volontés; au docteur Combouliou, médecin de l'hôpital St-Vincent-de-Paul à Ismaïlia, à l'obligeance duquel nous devons le diagramme suivant des cas de fièvre s'étant présentés à la visite du dispensaire de la ville en 10 ans ; et au Dr Pressat, un des médecins

de la Compagnie. Ce dernier fut chargé de se rendre en
Italie pour étudier, d'une part dans les laboratoires des
professeurs italiens, les méthodes perfectionnées et récentes
de recherches microscopiques, et, d'autre part dans les
centres malariques du pays, notamment dans la campagne
romaine, le résultat des mesures que ces professeurs avaient
conseillé d'adopter. Enfin on ne manqua pas de prendre
l'avis d'un éminent spécialiste, le major anglais Ross, qui
est l'auteur de la découverte du rôle des anophèles et avait
déjà, dans l'Est africain anglais, combattu la maladie avec
un éclatant succès.

1896. . . .	373	1902. . . .	85
1897. . . .	2.419	1903. . . .	6
1898. . . .	2.271	1904. . . .	3
1899. . . .	2.803	1905. . . .	1
1900. . . .	2.591	1906. . . .	1
1901. . . .	476	1907. . . .	0

Trois modes d'action ont été préconisées pour lutter
contre le paludisme : traiter le fiévreux par la quinine ou
le transporter ailleurs; mettre l'habitant à l'abri de la pi-
qûre du moustique (gants, grillages, etc...); supprimer le
moustique lui-même, non pendant sa vie aérienne à l'état
d'insecte parfait, mais pendant sa vie aquatique, à l'état de
larve. C'est ce dernier moyen, beaucoup plus radical, que
la Compagnie résolut d'adopter, sans négliger cependant
la quinine comme adjuvant. Il fut même décidé immédiatement « que les ouvriers fiévreux se présentant à la visite
du docteur seraient traités comme des malades ordinaires,
c'est-à-dire perdraient une partie de leurs salaires, s'ils
n'avaient pas absorbé devant leurs chefs d'équipe la quinine à la dose et à l'heure fixées par les médecins. Cette
dose était la suivante : deux pilules, à 10 centigr. chacune,
de sulfate de quinine par jour pendant trois jours, avec

interruption de sept jours pendant le premier semestre et de trois jours pendant le deuxième semestre. » (?) (1)

La nécessité qui s'imposait tout d'abord était de reconnaître le moustique. On savait, par les ouvrages des spécialistes, que certaines femelles pondaient le long des rives des cours d'eaux et dans les roseaux au bord des grands marais, les autres dans les mares de petites dimensions et très peu profondes. On ne trouva rien dans les grands marais ni le long du canal d'eau douce. En revanche, on en découvrit en très grande quantité dans les petites flaques, et spécialement sur trois points que l'on repéra soigneusement. Ici on fit des drainages minutieux : le terrain se trouvant être en pente, il n'y eut qu'à niveler parfaitement le sol ; là on combla avec du sable du désert jusqu'à l'assèchement complet ; en d'autres endroits on établit des sortes de chasses-d'eaux pour envoyer au canal ou à la mer tous ces dépôts stagnants. — Mais il restait à détruire les moustiques des habitations. Cette tâche n'était ni la moins urgente ni la plus aisée. Nous la trouvons ainsi décrite dans l'opuscule auquel il est fait allusion en note, et qui nous a fourni la plupart des renseignements ci-dessus, en même temps que l'ouvrage du Dr Pressat, *Le Paludisme et les Moustiques.* « Il fut décidé de diviser la ville d'Ismaïlia en six quartiers correspondant aux jours de la semaine, sauf le dimanche, et de faire visiter chaque maison une fois par semaine, au même jour de la semaine, par une équipe composée d'un chef d'équipe européen et de trois arabes qui seraient exclusivement affectés à cette besogne. Au cours de cette visite, tous les récipients contenant de l'eau permanente, y compris les bassins des jardins et les

(1) Suppression du Paludisme à Ismaïlia. *Publication de l'administration du canal,* 1906. Paris.

rigoles d'arrosage, devaient être asséchés et vidés en présence du chef d'équipe. On expliqua même à plusieurs reprises aux habitants que les larves desséchées pouvaient
revivre et qu'il importait de ne pas remplir immédiatement
les récipients vidés. L'équipe devait en outre répandre dans
les fosses d'aisance et les puits perdus un mélange de ma-
zout (pétrole lourd) et de pétrole lampant ordinaire (3 parties de ce dernier contre une du premier), à raison d'un
verre par mètre carré de surface. »

Au début des opérations, pour que la ville ne fut pas
envahie par les moustiques que chassait des fosses l'odeur
du pétrole, on prit la précaution de recouvrir toutes les
cheminées d'évent avec de la toile métallique. La Compagnie avait dû demander le concours du Gouvernement
pour obtenir l'autorisation de laisser entrer l'équipe dans
les maisons arabes. Cette autorisation avait été immédiatement obtenue. Comme les habitants n'avaient ni dépense
à faire, ni travail à exécuter, puisque la Compagnie faisait
faire le travail et en prenait tous les frais à sa charge, chacun se soumit sans peine à cette visite hebdomadaire. Il
n'y eut, et au début seulement, que quelques rares résis-
tances dont on triompha aisément par la persuasion. Bientôt même, le concours empressé de tous fut acquis aux
agents de la Compagnie spécialement chargés de l'application des mesures adoptées. Du reste, une notice, rédigée
dans toutes les langues parlées dans l'isthme, et où on
faisait connaître le résultat qu'on cherchait à obtenir, fut
répandue à profusion chez tous les habitants.

Aussi arriva-t-il que beaucoup d'entre eux acquirent
rapidement des connaissances exactes sur les mœurs des
moustiques, et aujourd'hui, nombreux sont ceux qui à
Ismaïlia seraient capables de donner des conseils éclairés
pour la lutte dans une autre région ».

Le coût total de cette campagne n'a pas été finalement bien élevé. La Compagnie l'estime à 50.000 francs de dépenses une fois faites. Quant aux dépenses permanentes, elles ne dépassèrent guère, parait-il, 18.300 francs, soit 7.800 pour les travaux d'entretien des terrains assainis aux environs de la ville, et 10.500 pour le pétrolage des fosses, puits-perdus, et suppression des dépôts d'eau dans la ville (5.200 f. de main-d'œuvre, et 5.300 de matières).

La Compagnie du canal de Suez a, pour cette modique somme, rendu d'immenses services à toute une population, et donné là un exemple que l'on peut, sans grandiloquence, qualifier de mémorable. — L'hôpital qu'elle entretient, un peu en dehors d'Ismaïlia, et son dispensaire dans la ville même, sont d'ailleurs on ne peut mieux outillés et desservis, avec le concours des Sœurs de Saint-Vincent de Paul.

Nous avons tenu à citer, avant tous les autres, cet exemple du bienfait de l'initiative privée en matière d'hygiène ou d'assistance en Égypte, mais il en est d'autres, et c'est un consolant spectacle de retrouver ici, dans la colonie européenne et dans les milieux indigènes, cette émulation que nous avons déjà constatée au chapitre de l'éducation. Il serait fort long de détailler, inutile de citer seulement toutes ces œuvres particulières. Nous nous proposons simplement d'attirer l'attention sur quelques unes d'entre elles, que nous avons vues de plus près : l'hôpital de Cook à Louqsor, — l'hôpital et l'Asile des enfants trouvés d'Alexandrie, — les dispensaires de lady Cromer au Caire —, les dispensaires et l'Asile des Wakfs au Caire, l'asile de la société Orwa-el-Oska à Alexandrie, etc....

Louqsor, sur le Haut-Nil, à neuf cent kilomètres de la Méditerranée, est incontestablement le plus beau site, sinon le seul réellement beau site de l'Égypte. La ville est devenue depuis une vingtaine d'années station d'hiver. Les riches étrangers, en majorité anglais, américains, et depuis quelque temps allemands, qui fréquentaient ses hôtels, furent frappés des fâcheuses conditions d'hygiène dans lesquelles vivait la population environnante. Quelques-uns d'entre eux résolurent, pour y porter remède, d'acheter un terrain et bâtir un hôpital. Cette initiative généreuse fut aussitôt suivie par Mr Cook en personne, le chef de la célèbre agence de voyages, on peut dire le créateur du Louqsor moderne et du tourisme en Égypte, qui décida de demander à ses voyageurs, ou, à défaut, de souscrire lui-même les fonds nécessaires à son entretien : salaires, drogues, matériel. La chose se passait en 1887. En 1891, le défunt khédive, Tewfik-Pacha, la khédiva et ses enfants inauguraient solennellement la fondation, qui n'a pas cessé de fonctionner dès lors parfaitement. Les revenus sont constitués par une souscription annuelle des chemins de fer de l'État Égyptien ; par la rente d'un capital laissé par un bienfaiteur ; par les souscriptions et dons des touristes de passage à Louqsor, à Assouan, ou en circulation sur le Nil dans les bateaux Cook, où un tronc spécial est disposé à cet effet ; par des quêtes dans les temples protestants de Louqsor et d'Assouan ; par des jeux et gymkhanas organisés en hiver dans ces deux localités ; enfin par certains malades payants (1). Enfin si le total n'est pas suffisant, Mr Cook lui-même parfait la somme. La moyenne annuelle des dépenses a été depuis 20 ans d'environ 600 L.E. et Mr Cook y

(1) En principe toutefois l'hôpital est gratuit, et réservé aux indigènes.

est chaque année de sa poche pour quelques milliers de francs.

L'hôpital est petit, mais tel quel fort utile, Louqsor n'étant pas chef-lieu de Moudirieh et n'étant par conséquent pas doté d'un hôpital de gouvernement, et la population étant très agglomérée dans cette région. En ces 20 années, on n'y a pas donné moins de 120.000 consultations, car c'est plutôt encore une sorte de dispensaire, et pratiqué plus de 2.000 opérations. Il ne contient que 26 lits (8 pour femmes, 10 pour hommes), presque toujours occupés. Le nombre des malades traités à l'hôpital a été en 1906 de 358. — Les bâtiments sont bien compris, isolés les uns des autres toujours, dans une situation saine et riante. On avait d'abord choisi pour le diriger un médecin syrien qui, ayant fait ses études à Londres et au Caire, connaissait parfaitement les coutumes et les particularités des indigènes tout en ayant l'expérience de nos institutions européennes. Aujourd'hui c'est un anglais, le Dr Saunders, qui est à la tête de l'hôpital. Il n'habite Louqsor que de novembre à avril. En son absence il est remplacé, et, quand il est là, secondé par un médecin indigène autorisé à faire de la clientèle en ville en dehors de son service.

L'hôpital et l'Asile des enfants trouvés d'Alexandrie répondent à d'autres besoins. Ils n'attirent qu'exceptionnellement des gens de la campagne, mais ils rendent de précieux services dans ce port qui ne passe pas précisément pour être un des plus sains de la Méditerranée. L'un et l'autre sont œuvres françaises et catholiques, fondations des religieuses de Saint-Vincent-de-Paul, qui entretiennent

(1) L'hôpital est toutefois spécialement destiné aux indigènes, et aux indigènes pauvres.

13

en outre à Alexandrie un dispensaire, un ouvroir, une école de garçons, une école de filles et un orphelinat. Elles sont là environ 80 sœurs. Le dispensaire est très bien compris. Les consultations gratuites y ont lieu chaque jour régulièrement, celles de l'ophtalmologiste dans un cabinet à part. On peut dire que toute la matinée le dispensaire ne désemplit pas. Hommes, femmes, enfants s'y pressent en foule, et 3 ou 4 religieuses leur consacrent exclusivement leur temps. Des guichets sont installés dans une vaste salle pour la distribution des médicaments usuels. A titre d'indication, il s'y débite en moyenne 150 litres d'eau boriquée par jour. Les gens de toute religion, de toute nationalité, de toute catégorie sociale y sont admis indifféremment. Nous avons eu là, sous les yeux, un spectacle réconfortant d'activité bienfaisante. Le dispensaire est situé, comme il convient au cœur de la ville, dans un quartier populeux (1). L'Asile est au contraire sur la hauteur, discrètement à l'écart et en très bon air. Pas de tour. Un petit guichet en métal qui se soulève sous la grande porte de fer, et retombe de lui-même quand le bébé y a été introduit, en général à la tombée de la nuit. Des rondes faites de temps en temps par les sœurs vigilantes les cueillent au passage... à partir de ce moment le petit être abandonné devient l'enfant de la maison. On lui donne un nom et un prénom, inventés au hasard. L'Asile le met en nourrice, de préférence chez des femmes indigènes, moyennant environ 1 L. E. par mois. Ces femmes sont tenues d'amener leur poupon une fois par semaine à la visite du docteur. Elles sont d'ailleurs visitées à domicile et à l'improviste par une sœur inspectrice.

(1) L'hôpital français d'Alexandrie n'a rien de saillant au point de vue qui nous occupe : il donne l'impression d'un hôpital d'Europe bien tenu, et s'adresse déjà à une clientèle moins misérable.

Une fois sevré, l'enfant prend sa place au dortoir ; plus tard, il sera élevé, instruit dans l'Asile même. Des dessins nous furent montrés, exécutés par ces jeunes élèves, qui nous étonnèrent par leur perfection. Les bâtiments sont très étendus. Au premier étage un promenoir large, au soleil levant. Pour les filles un atelier de repassage a été très adroitement organisé. On les occupe ainsi lorsqu'elles ont atteint un certain âge, on leur apprend un métier, et comme il s'agit de repassage de luxe dans une ville par ailleurs fort riche, c'est en même temps pour l'œuvre un revenu dont l'appoint n'est pas négligeable. L'Asile renferme toujours au minimum 200 enfants. La mortalité sur les enfants présents n'est que de 30 o/o. C'est une mortalité considérable, mais cependant très inférieure à la moyenne des établissements de ce genre (1), nous fait justement remarquer la supérieure, dont, au risque de blesser la modestie, nous ne pouvons passer sous silence l'intelligence avisée, et le remarquable esprit d'organisation. Le budget de cet Asile dépassait 60.000 fr. de dépenses au 1er janvier 1907, exactement 66.213, et les recettes n'avaient été que de 63.453 fr. Mais ce chiffre même a sa signification, par l'élan de solidarité et de bienfaisance qu'il révèle dans la population Alexandriote. La seule fête annuelle de charité rapporta près de 22.000 fr. en 1906 (2), un concert spirituel dans une église 1.000 fr. ; l'atelier de repassage plus de 5.000 fr. L'allocation de la Propagation de la Foi est de 5.500; celle du gouvernement français de 1.500 ; celle de la municipalité de près de 4.000. Le reste constitué par des

(1) Cf. Asile de Kasr-El-Aïni au Caire. Voir plus haut.
(2) On sait l'importance et la prospérité de la colonie grecque d'Alexandrie, à laquelle appartiennent presque tous les gros négociants en coton.

dons et des legs. Le nom du Khédive actuel s'inscrit en tête des fondateurs de cette œuvre catholique.

Une belle œuvre également, d'inspiration protestante celle-ci, c'est celle des dispensaires de lady Cromer au Caire. Elle est toute récente, puisqu'elle remonte à 3 ans à peine. Aussi serait-il, au point de vue des résultats, ridicule de la comparer aux œuvres catholiques précitées, qui comptent, croyons-nous, 70 ans d'existence à Alexandrie. Le but poursuivi est d'ailleurs un peu différent. Voici surtout, d'après Mrs Elgood, femme du directeur de l'école de police du Caire, elle-même médecin distingué que lady Cromer attacha à son œuvre, ce que cette dernière a cherché à réaliser : améliorer l'état sanitaire des enfants pauvres indigènes en inculquant dans l'esprit de leurs mères les règles de l'hygiène élémentaire et en leur faisant comprendre l'importance de la propreté. On a donc choisi des locaux suffisants sans doute, mais dont les conditions d'installation et les dimensions se rapprochent autant que possible de celles des logements de ces pauvres gens pour bien leur faire voir — ceci est anglais, et pratique — que le local le plus simple peut être convenablement tenu. Les mères ont été encouragées ensuite à y amener leurs enfants pour apprendre à les laver d'abord (sans quoi le médecin refuse de les examiner), puis à les nourrir, et à les soigner.

L'initiative toute personnelle de lady Cromer rencontra au début peu de partisans. Le directeur du Sanitary Department était sceptique. Mais la vaillante compagne du Ministre d'Angleterre arriva par sa ténacité à des résultats très encourageants. Elle agit sans le Sanitary Department et presque malgré lui, avec, pour commencer, nous dit-on, une somme de 400 L. E. qu'elle préleva sur sa cassette personnelle. A la fin de 1906, elle avait réuni près de 1.200 L. E., 31.200 fr. partie donations, partie souscriptions. Or les dépenses de l'année pour le dispensaire de Boulaq, le premier en date, n'avaient pas dépassé 15.000 fr. Le loyer de l'immeuble à Boulaq, faubourg populeux, est de 300 francs par mois. Il y a pour 1800 fr. environ d'instruments et de fournitures diverses. La « matrone, » revêtue du costume propret des nurses anglaises, est payée 300 fr. par mois (ce qui peut nous paraître élevé) l'infirmière (hakima) indigène 62 fr. et la domestique indigène 53 fr.

Le dispensaire de Touloun, au pied de la Citadelle, ne fonctionnait que depuis 14 mois quand nous le visitâmes au printemps dernier en compagnie de Mrs Elgood.

En 1906, le dispensaire de Boulaq avait reçu la visite d'environ 16.000 enfants, sur lesquels 4.500 s'étaient nouvellement présentés. En 1907, celui de Touloun en avait vu passer 29.187; près de 5.000 cas nouveaux avaient été examinés. La comparaison entre ces chiffres montre qu'a Touloun, la seconde année du fonctionnement de l'œuvre, les enfants sont revenus proportionnellement un plus grand nombre de fois à la visite; ceci tendrait à indiquer une confiance peu à peu plus grande de la part des parents. — Les maladies les plus fréquentes sont celles des yeux, (1455), du tube digestif (1348) et de la peau (675) sur 5.000.

A Touloun comme à Boulaq (1) la matrone est une anglaise. Lady Cromer avait pensé tout d'abord n'employer que des femmes indigènes, avec cette idée, très anglo-saxonne encore, que mise en face de responsabilités, la personnalité de la femme indigène s'affirmerait et se développerait. On

(1) Celle de Boulaq est en réalité une Suédoise formée en Angleterre.

dut y renoncer. Sa collaboratrice, Mrs Elgood, nous expliquait de son côté qu'elle voudrait obtenir dans ses dispensaires les soins gratuits des médecins indigènes « pour relever leur mentalité »… Ces deux vues pourraient bien être quelque peu chimériques (1).

Quoi qu'il en soit, l'impulsion était donnée, et l'exemple ne sera pas perdu. Le monde indigène se pique au jeu et Rouchdi-Pacha, directeur des Wakfs (Habous) se propose aujourd'hui d'ouvrir des dispensaires du même genre ; en attendant, il a organisé comme une maternité ambulante, c'est-à-dire un service de matrones indigènes, choisies avec soin, qui vont accoucher dans les maisons les femmes indigènes et sont elles-mêmes inspectées par des sages-femmes de Kasr-El-Aïni. Les Wakfs ont d'ailleurs déjà créé ou subventionné au Caire et à Alexandrie des œuvres d'assistance qui paraissent être en voie d'heureux développement.

L'Asile d'enfants trouvés d'Alexandrie, fondé par la Société Erwa-El-Oska, il y a trois ans, reçoit une subvention annuelle de 2.000 L. E. Un autre asile du même genre est en formation au Caire. Un asile de vieillards, dont la tenue est parfaite, à Tourah, est l'œuvre propre des Wakfs, et sa reconstruction et réorganisation récentes par Rouchdi-Pacha ont été très bien entendues. Il est réservé aux hommes. Un autre, au Caire même, est destiné aux femmes, mais il est moins bien conditionné et exigu : il ne peut contenir que 30 personnes, tandis que celui de Tourah peut en recevoir 300. Il en existe un troisième (mixte) à

---

(1) Dans les provinces, nous ne croyons pas qu'il existe d'œuvre analogue, sauf toutefois le dispensaire très bien installé de Minieh, fondation de Mrs Hopkins, femme d'un fonctionnaire britannique. Nous l'avons visité avec intérêt.

Alexandrie. Le coût annuel de ces trois asiles est de 3.000 L. E. (1) A Tourah, également, sera construit cette année un hospice pour les pauvres atteints de maladies incurables. C'est le Gouvernement qui a donné le terrain ; les Wakfs feront les frais de la construction, dont les plans ont été approuvés par le Service sanitaire. Enfin les 3 ou 4 dispensaires Wakfs du Caire, dont l'un spécialement consacré aux ophtalmies, accueillent tous les matins une énorme clientèle. Les locaux ne sont pas toujours très bien adaptés à leur but, mais on les a cherchés dans les quartiers les plus populaires et les plus pauvres, et les médecins indigènes qui les desservent nous ont paru animés du meilleur zèle. Chez tous, comme chez les chefs de service aux Wakfs et chez le directeur lui-même on sent percer un légitime amour-propre, et le désir très sincère de montrer de quoi la Société musulmane peut être capable en matière d'assistance comme en matière d'éducation, au regard des colonies européennes. Depuis 1897, les crédits affectés au service du culte, à l'enseignement élémentaire, et aux œuvres de bienfaisance par les Wakfs ont triplé, ainsi que le montre le tableau suivant :

(1) Les petites sœurs des pauvres n'ont pas d'établissement en Égypte. Un autre ordre hospitalier héberge des vieillards, hommes et femmes, européens à Choubrah (faubourg du Caire), c'est celui des sœurs de Notre-Dame des sept douleurs. Il renferme 60 lits. L'installation est loin d'en être achevée. La distinguée présidente du comité de direction est la Comtesse de Sérionne, femme de l'agent supérieur du Canal de Suez.

A citer, à Choubrah également, le dispensaire des Sœurs des Missions africaines, qui reçoit de 3 à 500 malades par jour, etc., etc.

	1897	1907	Augmentation
Mosquées . .	38.009 L. E.	119.778 L. E.	81.769 L. E.
Kouttabs . .	4.036	18.100	14.064
Hospices .	8.661	19.171	10.510
Œuvres de bienfaisance.	6.825	32.025	25.200
Total . . .	57.531	189.074	131.543

Nous voyons, au budget de cette administration pour 1907, portée une somme de 6.000 L. E., dont le mode d'emploi, actuellement à l'étude, sera, est-il dit, ultérieurement déterminé, mais qui a été affecté en principe à l'entretien d'établissements qu'on instituerait au Caire et à Alexandrie pour recueillir et élever les orphelins musulmans en état d'indigence.

L'énoncé de ces chiffres laisse entrevoir l'importance des ressources de l'administration des Wakfs. Son budget de recettes de 1906 était de . . . . 396.488 L. E.

Son budget de dépenses 323.418

L'excédent a été reporté au fonds de réserve. Ce fonds de réserve, créé aux termes de l'ordonnance Khédiviale du 9 novembre 1891, n'est pas de moins de 527.192 L. E.

Malheureusement, tout cet argent n'est peut-être pas employé aussi judicieusement qu'il conviendrait. Rouchdi-Pacha nous avouait lui-même qu'il n'avait été encore positivement rien fait pour les campagnes. Ce qui existe est bien, mais les villes seules en profitent. D'autre part, une administration aussi considérable entraîne forcément le gaspillage, si la surveillance n'est pas très stricte.

Voici ce qu'écrit en 1906 M. Talamas, chargé du contrôle de la comptabilité des Wakfs, inspecteur des Finances :

« Je dois rappeler que dès 1901, le Ministère des Finances, en vue de mettre un peu d'ordre et de régularité dans les dépenses des mosquées, avait suggéré à l'Administration des Wakfs l'idée de les classer en un certain nombre de catégories suivant l'importance de la population des localités où elles sont situées, et d'assigner à chaque catégorie un cadre-type spécial, applicable à toutes les mosquées de la même catégorie, et comprenant le nombre de desservants et de domestiques nécessaires pour assurer le service du culte, avec des salaires fixes et invariables en rapport avec l'importance des différentes fonctions. Un projet d'organisation avait été élaboré par une commission nommée à cet effet, sous la présidence du feu Cheikh Mohammed-Abdou ; mais ce projet qui, d'ailleurs, ne répondait pas tout-à-fait au programme, dut être abandonné à la suite de certaines observations du grand Cadi, qui considérait comme contraire aux préceptes de l'Islam tout classement tendant à établir des distinctions entre les Mosquées. Il y avait là sans doute un malentendu, car il ne s'agissait pas de distinctions à faire entre les mosquées au point de vue religieux, mais simplement de réglementer le paiement des salaires du personnel chargé de les desservir. Or l'Administration des Wakfs, en se bornant à attribuer aux différentes fonctions des salaires fixes et invariables, sans assigner de limites au nombre des desservants et des domestiques, n'atteint qu'en partie le but visé par l'organisation projetée, et si elle doit renoncer au classement des mosquées, il faut qu'elle arrive, d'une manière ou d'une autre, à fixer une fois pour toutes le nombre des emplois nécessaires pour chacune d'elles ; qu'elle s'interdise de dépasser ce nombre à l'avenir et qu'elle élimine graduellement les emplois actuels reconnus inutiles, en ne remplaçant plus les titulaires dont les services cessent par suite de retraite volontaire ou de décès. » Sa conclusion est moins sévère :

« Je suis heureux de pouvoir dire que depuis deux ans un
changement remarquable s'est produit dans l'Administration des Wakfs, changement marqué par un esprit plus
libéral dans la direction des affaires, et par le désir d'entrer
résolument dans la voie des réformes et du progrès. »

Quant à lord Cromer, il s'exprimait ainsi sur les Wakfs
en 1904 : « Les Wakfs ont en somme eu leur part dans
l'amélioration générale de la prospérité du pays. Mais il
est hors de doute que l'Administration de cet important
département est très défectueuse. Je pense même que ces
défauts sont reconnus par la partie la plus intelligente de
la communauté musulmane. Toutefois ce n'est pas une
question où puissent sérieusement et avec quelque avantage
intervenir les Conseillers britanniques du Gouvernement
égyptien. » En 1905, il réitère ces doléances, mais ses
conclusions diffèrent : « Je suis d'avis que la seule réforme
capable de donner des résultats satisfaisants serait de placer
à la tête des Wakfs un ministre responsable qui, se joignant
au Conseil des Ministres, *amènerait ce département sous le
contrôle qui s'exerce sur tous les autres.* A présent les Wakfs
sont, en effet, gérés par un directeur général qui agit presque en toute indépendance du Conseil des Ministres. » —
En 1906, il n'en parle plus, voulant sans doute faire crédit
à l'esprit éclairé, à l'énergie, à la forte personnalité enfin
de Rouchdi-Pacha, nouvellement désigné pour cette importante fonction.

Signalons, pour terminer, les nombreuses initiatives
privées musulmanes, qui sont venues, sur tous les points
de l'Égypte, depuis quelques années, seconder l'Administration des Wakfs, laquelle est en somme une administration publique de caractère officieux. Nous les avons déjà
signalées au chapitre de l'Éducation. Nous les retrouvons
ici, car la plupart d'entre elles se sont développées aux

deux fins de l'extension de l'instruction et de la bienfaisance. Ceci est d'ailleurs tout à fait conforme à la tradition islamique ; mosquées et zaouias ont toutes eu au début pour double mission d'instruire l'enfant et de recueillir le malade, le vieillard, ou le voyageur sans asile. L'effort de ces sociétés musulmanes privées est des plus encourageants. En visitant l'Asile des enfants trouvés d'Alexandrie dont il est question plus haut, nous avons remarqué à la porte des dortoirs, du reste très bien tenus, deux pancartes en arabe. Nous nous les sommes fait traduire. L'une dit à l'enfant « ce qu'il faut faire », l'autre « ce qu'il ne faut pas faire ». C'est en phrases très simples, à la portée des plus petits et des plus humbles, comme une petite leçon de morale pratique substantielle, et un code réduit de la civilité puérile et honnête.

En 1907 a été fondée au Caire par le Dr Abdel-Aziz-Nazmi, médecin des hôpitaux Wakfs, une société protectrice de l'enfance. Nous appelons spécialement l'attention sur cette création intéressante, dont la presse a pas mal parlé à plusieurs reprises. On en attend beaucoup dans le monde musulman en Égypte, comme de l'idée de Rouchdi-Pacha de grouper toutes les bonnes volontés de ses corréligionnaires en fondant aux Wakfs même un bureau spécial qui centraliserait sous son contrôle toutes les œuvres de bienfaisance musulmanes d'Égypte, et réunirait tous les renseignements concernant le fonctionnement des institutions analogues d'Europe. Le Dr Nazmi vient de rentrer au Caire, de retour d'un voyage que Rouchdi-Pacha l'avait précisément prié de faire à cette intention.

Après avoir montré ce qu'est aujourd'hui la condition du fellah en Égypte, sa vie familiale, les institutions qui le régissent, le travail dont il se nourrit, nous avons tenu à brosser à grands traits le tableau des diverses améliorations d'ordre moral, — écoles, — et d'ordre matériel, — hygiène ou bienfaisance, — que l'initiative officielle aussi bien que l'initiative privée, européenne et indigène, ont, dans un heureux accord, tenté d'apporter à cette condition. Nous avons été obligés de constater que ces améliorations avaient jusqu'à présent davantage profité à la classe urbaine qu'aux populations rurales, et que si la situation de ces dernières était certainement beaucoup plus favorable qu'il y a 25 ans, elle l'était surtout devenue par l'effet de circonstances fortuites : le développement de la culture du coton et la haute valeur de ce produit sur le marché mondial ; l'Égypte est un pays riche.

Les Anglais, disent certains, ont fait beaucoup en Égypte. Ils ont créé des organismes modèles qui rendent d'incomparables services — à l'Angleterre ! Il fallait du coton pour les usines de Manchester, et l'Égypte est devenue, grâce à l'Irrigation Department qui gagne chaque jour des terres sur le sable stérile, un immense champ de coton. Il fallait que ce coton fût au plus bas prix, c'est-à-dire qu'on disposât pour le produire d'une population nombreuse et saine, qu'on ne paierait pas cher, et de cette préoccupation est sorti le Sanitary Department... Il serait injuste d'adopter une vue aussi sommaire, en matière de conclusion à ce travail, bien qu'elle contienne une part de vérité.

Tout d'abord et quelles que puissent être les raisons, qui en ont motivé la création, il est incontestable que le fellah a ressenti un immense bienfait du développement de ces deux services. Directement ou indirectement, il en a largement profité. Salarié, locataire, ou propriétaire, il gagne le double de ce qu'il gagnait il y a 25 ans, et outre qu'il possède un statut personnel, un statut foncier, et sait où trouver des juges, ses chances de maladie et de mort ont été considérablement réduites.

Sans doute il est des ombres à ce tableau. Nous les avons signalées : une administration défectueuse, à tout le moins incertaine ; une dette foncière et hypothécaire trop lourde ; un grave danger pour le pays du fait qu'il vit sur un seul produit d'exportation, et que, très dense, il a besoin de beaucoup acheter, par conséquent de beaucoup vendre ; une population très malléable, mais qui ne paraît pas avoir toujours, un sens très exact de ses intérêts ; un goût immodéré chez elle pour le fonctionnarisme, et beaucoup d'ostentation ; l'absence d'industrie et de commerce ouvrant à l'indigène des perspectives d'avenir, l'œuvre de l'éducation populaire réellement à peine entamée ; la peste à l'état endémique ; des conditions d'hygiène la plupart du temps déplorables et que le climat empêchera de modifier jamais intégralement.

Sans doute aussi l'Anglais, même s'il travaille pour l'indigène, ne lui en donne-t-il pas beaucoup l'impression. Il ne recherche pas son contact. Il ne tient pas à le pénétrer. On n'entend pas parler en Égypte de politique d'association : ceci demeure le patrimoine propre de notre idéalisme français.

Mais c'est aussi que les conditions sont ici tout autres ; les conditions ethniques, les conditions politiques, les conditions climatériques — et c'est ce qu'il ne faut jamais perdre de vue. Le pays est surpeuplé. L'Égypte ne sera donc jamais une colonie de peuplement. Les Anglais n'ont jamais prétendu qu'y donner des conseils et diriger le mouvement. — Au point de vue politique la situation est, et demeurera sans doute encore longtemps, disons particulière. — Enfin ne faut-il pas faire à ces hommes du Nord beaucoup de crédit pour avoir entrepris une œuvre qui

leur profite, c'est entendu, mais qui est tout de même
d'une certaine envergure, sur un terrain en somme assez
ingrat ? L'apathie égyptienne, vraisemblablement fonction
du caractère géographique et du climat du pays, est réputée. Elle s'éveille depuis quelque temps à la surface.
Ce mouvement s'affirmera-t-il, s'accentuera-t-il ?

« Heureux peuple qui n'a d'autre droit à réclamer que
le droit à sa place au soleil. Il aura toujours les marches
de quelque temple ou de quelque vieux portique pour s'y
étendre. Voilà le grand fonds de bien être qu'on ne lui
enlèvera jamais, et qui le rend en un sens plus heureux
que les nôtres, malgré son humiliation. Voilà le secret
de ce laisser-aller et de cette insouciance qui parfois devient
de la fierté, et constitue la vrai démocratie de ce pays ».

Ces lignes sont extraites d'un manuscrit posthume de
Renan qu'on vient de publier. Il les applique à l'Italie ;
combien ne sont-elles pas plus justes encore appliquées à
l'Orient, et spécialement à l'Orient d'Égypte. Mais elles
sont tombées de la plume d'un grand ironiste et l'homme
d'action qui croit à la valeur de l'effort humain, doit
craindre de se laisser gagner à leur rythme perfide et
espérer, malgré tout, dans l'avenir de certaines évolu-
tions.

Le Caire — Dar Hadida (Tunisie),
décembre 1907, décembre 1908.

TABLE

___

___

Dijon, imprimerie Darastiere

www.ingramcontent.com/pod-product-compliance
Lightning Source LLC
Chambersburg PA
CBHW061044110426
42740CB00049B/1839